LITERATURWERKSTATT

Roger Strub

STEINE IM BAUCH

Eine Story für Anna Balmer

und

Theaterstück für Jugendliche

1. Auflage 2011
Alle Rechte vorbehalten
Literaturwerkstatt Küssnacht, Kt. Schwyz
Lektorat und Korrektorat: Silvia Götschi
Cover: Oleksandra Medvedeva
Umschlaggestaltung und Satz: Touch Design AG, Luzern
Druck und Bindung: UD-Print, Luzern
Made in Switzerland
ISBN: 978-3-9523694-4-9

Literaturwerkstatt GmbH, CH-6403 Küssnacht
www.literaturwerkstatt.ch

Roger Strub

STEINE IM BAUCH

Eine Story für Anna Balmer

Dienstag

1.

Anna Balmer war stinkig. Die Chefin der Lokalredaktion hatte ihr soeben unmissverständlich erklärt, dass sie endlich eine gute Story aus ihrer Feder erwarte.

„Der Inhalt, Anna, der Inhalt deiner Storys ist einfach Schrott", hatte sie ihr geradewegs ins Gesicht gesagt. „Du musst jetzt endlich etwas bringen, was die Leute auch lesen wollen. Ich meine, wen interessiert das? *Lehrer in Stettbach geht nach vierzig Jahren in den Ruhestand.* Der hatte doch eh schon das halbe Leben lang Ferien."

Anna Balmer hatte das respektlos gefunden und protestiert: „Der Typ hat ein Recht darauf, dass seine Arbeit wenigstens einmal in vierzig Jahren gewürdigt wird. Da er jetzt abtritt, ist das die letzte Gelegenheit."

„Anna, ich bitte dich", hatte Tanja Schreiber lachend geantwortet. „Der schreibt in den nächsten Jahren wie alle pensionierten Lehrer eine Quartierchronik. Das können wir dann unter Kurzmeldungen bringen."

Anna hatte geschwiegen. Aber sie war verärgert.

„Wir sind nun mal kein Quartieranzeiger", hatte die Chefin zu besänftigen versucht. „Bei unserem Blatt sind Geschichten gefragt, so richtig fette Storys, wie deine Generation sie zu nennen pflegt. Ich will entweder Fehltritte und Ausschweifungen von Promis oder aber Blut und Tränen, Fäuste und Messer, was auch immer. Hauptsache, sie bieten Gesprächsstoff am Stammtisch und in der Strassenbahn. Und noch wichtiger: Du musst einige Tage dran bleiben können, *Fortsetzung folgt,* verstehst du? Das bringt Auflage und macht die Leser abhängig. Hast du nie Micky Maus gelesen?"

Anna hatte den Blick gesenkt gehabt und einen weiteren Anlauf genommen, ihre Arbeit zu verteidigen:

„Du schickst mich doch zur Vollversammlung vom Quartierverein, zum Konzert der Schülerband am Abschlussball, zum Grümpelturnier des FC Wiedikon, dorthin, wo kein anderer Journalist unserer Zeitung hin will. Was soll ich also bitteschön tun?"

Die Redakteurin hatte nur gelacht und gesagt:

„Halt einfach die Augen offen, die Geschichten liegen auf der Strasse. Denn wenn du die Nase für eine richtig fette Zeitungsstory nicht hast, dann bist du bei uns fehl am Platz. Dann musst du dir bald einen anderen Job suchen. Haben wir uns verstanden?"

„Ja", hatte Anna kleinlaut geantwortet.

„Okay, das wär's dann."

Danach hatte sich die Chefin wieder ihren Papieren zugewandt und Anna keine Beachtung mehr geschenkt. Anna hatte sich umgedreht und den Raum wortlos verlassen. Dafür hasste sie sich jetzt.

Anna war seit einem halben Jahr - nach der Matura und einem abgebrochenen Jus-Studium an der Uni - Praktikantin in der Lokalredaktion der grössten Zürcher Tageszeitung. Eine gute Geschichte war ihr während dieser Zeit tatsächlich nicht gelungen. Nicht genug damit, dass sie mit dem medialen Sprachstil der Zeitung zu kämpfen hatte; sie war auch an nichts heran gelaufen, worüber sich zu berichten lohnte. Die Schreiber mit ihrem blöden „die Geschichten liegen auf der Strasse" gingen ihr auf die Nerven. Entweder nahm sie immer den falschen Weg oder jemand anderer hatte die Geschichte bereits aufgelesen. Anna war verzweifelt. Aber das sollte sich bald ändern.

2.

Es ging alles blitzschnell. Chris und Elton stürzten sich auf den Mann, der auf dem Bahnsteig auf die S-Bahn Richtung Stettbach wartete. Sie schlugen ihm ohne Vorwarnung ihre Fäuste ins Gesicht. Der Mann ging zu Boden, und Elton trat auf den Wehrlosen ein. Der versuchte auf die Beine zu kommen. Aber Elton traf mit voller Wucht seinen Hinterkopf, worauf der Mann seitwärts über den Rand des Bahnsteigs kippte und auf die Gleise fiel.

Chris, Elton und die anderen drei Mitglieder der Clique rannten los. Aus dem Tunnel war bereits das anschwellende Dröhnen des herannahenden Zuges zu hören.

Ein Mädchen der Clique schaute zurück und blieb dann zögernd stehen. Niemand achtete auf die Flüchtenden. Alle starrten gebannt auf das Opfer, das reglos auf den Gleisen lag. Samira war entsetzt. Sie konnte sehen, wie einige Leute zur Stelle eilten, wo der Mann auf das Gleis gefallen war, und wie sie verzweifelt versuchten, ihn auf den Bahnsteig zurück zu zerren. In diesem Moment raste der Zug aus dem Tunnel. In letzter Sekunde konnten sie den Mann vor dem Überrollen retten. Mit quietschenden Bremsen kam der Zug zum Stillstand. Die Türen öffneten sich, und die Passagiere ergossen sich auf den Bahnsteig.

Samira konnte den blutüberströmten Mann, der jetzt inmitten einer aufgeregten Gruppe von Leuten am Boden lag, nicht mehr sehen.

Sie rannte los Richtung Strassenbahn-Haltestelle Stadelhofen. An der Ecke des Bahnhofgebäudes prallte sie mit einer entgegenkommenden jungen Frau zusammen. Samira wurde zu Boden geschleudert. Schnell rappelte sie sich wieder auf und eilte davon. Die Frau rief ihr nach: „Kannst du dich nicht wenigstens entschuldigen, du blöde Göre!".

Samira erwischte die Strassenbahn gerade noch, bevor sich die Türen schlossen und sie losfuhr.

Das Mädchen schaute sich um. Die anderen der Clique waren nirgends. Sie setzte sich auf einen freien Platz und atmete tief durch. Vielleicht hatten sie eine andere Linie genommen. Erst jetzt nahm Samira wahr, dass ihr Knie blutete. Ihre linke Schulter, die den Sturz aufgefangen hatte, schmerzte. Sie legte die Hand darauf und rieb sich das Gelenk.

„Was, verdammt noch mal, ist hier gerade abgegangen?", sagte sie leise zu sich selber. „Das ist ja so was von krass. Was ist nur in Elton und Chris gefahren?"

Anna Balmer blickte Samira nach, bis sie in der Strassenbahn verschwunden war. Sie schüttelte den Kopf und wollte weitergehen, als sie den Ausweis und den Geldschein am Boden entdeckte. Sie hob beides auf und las: *Samira Özal, Schülerin 8. Klasse, Schulhaus Stettbach.* Samira hatte 20 Franken verloren.

Anna steckte Ausweis und Geldschein in ihre Jeans und bog um die Ecke auf den Bahnsteig.

Was war denn hier los? Eine Menschentraube beugte sich über eine am Boden liegende Gestalt. Annas Blut geriet in Wallung. Aufgeregt klaubte sie die Digitalkamera aus ihrer Umhängetasche und liess das Objektiv ausfahren. Die kleine Kamera hatte sie für alle Fälle immer dabei. Mit zittrigen Fingern knipste sie mehrere Bilder

„Was ist denn hier los?", fragte sie die Leute, die sich um den offensichtlich schwer verletzten Mann am Boden kümmerten.

„Zwei junge Männer haben diesen Mann grundlos zusammengeschlagen und auf das Gleis gekippt", antwortete eine

Frau. „Danach sind sie mit anderen Jugendlichen in diese Richtung davon gerannt."

„In diese Richtung? Waren auch Mädchen dabei?", hakte Anna Balmer nach.

„Ja, ich glaube schon", sagte die Frau
Eine andere Frau schrie die Umstehenden an:
„Kommt denn eigentlich keine Hilfe? Der stirbt uns hier sonst unter den Händen weg."
„Bitte gehen Sie zur Seite", rief ein Sanitäter. Polizei und Rettungswagen waren eingetroffen.

Anna Balmer schoss noch einige Bilder von der Bergung, dann wurde sie von einem Beamten der Polizei in Zivil weggewiesen.
„Keine Fotos bitte. Verlassen Sie das Areal."
Den Kollegen in Uniform rief er zu:
„Los, drängt die Gaffer zurück und sperrt das Gelände grossräumig ab."

Hinter dem Bahnhof zog Anna den Schülerausweis des Mädchens aus der Tasche und betrachtete ihn. Hatte sie etwas damit zu tun? War sie dabei gewesen? War sie deswegen davon gerannt?

Anna Balmer lächelte und spürte, wie sich das Adrenalin in ihrem ganzen Körper ausbreitete. Da war er, *ihr* Fall, mit dem sich endlich Zeitung machen liess.

„Samira Özal, du bist mein Glück", sagte sie leise zu sich selber. „Wir werden uns wiedersehen."

3.

Elton, Chris, Ralf und Lexi hatten die frühere Strassenbahn Richtung Hauptbahnhof erwischt. Sie waren in ausgelassener Stimmung. Wegen der anderen Passagiere steckten sie die Köpfe zusammen und sprachen leise.

„Der ist schon nach den ersten Schlägen zu Boden gegangen, der Saftsack", sagte Chris lachend und zeigte seine Faust, an der noch das Blut des Opfers klebte.

„Ich glaube, den haben wir platt gemacht", meinte Elton. „Da ist nämlich gleich der Zug gekommen."

„Glaubst du, er ist tot?", fragte Lexi entsetzt, das einzige Mädchen in der Runde.

„Wenn die es nicht geschafft haben, ihn auf den Bahnsteig zu ziehen, dann ist er hinüber", antwortete Elton.

„Geil", meinte Chris. „So ein Scheiss-Banker weniger. Wir werden Schlagzeilen machen."

„Das finde ich gar nicht lustig", protestierte Lexi. „Wenn er tot ist, dann haben wir ein echtes Problem."

„Ach was, die erwischen uns nie", entgegnete Elton. „Wenn keine Beziehung zwischen Täter und Opfer besteht, dann finden die die Mörder nie."

„Mörder", wiederholte Lexi entgeistert. „Das klingt ja schrecklich."

„Wir müssen jetzt nur alle den Mund halten", sagte Elton und fixierte Lexi mit seinen kalten, blauen Augen.

Die schwieg und senkte ihren Blick.

„Klar, Lexi?" fragte Elton.

„Ja", antwortete sie leise.

„Wo ist eigentlich Samira", wandte sich Chris an Ralf, der bisher geschwiegen hatte.

„Die ist etwas langsam auf den Beinen. Sie hat wahrscheinlich die Strassenbahn verpasst und ist in die nächste eingestiegen", antwortete Ralf.

„Ruf sie an!", forderte Chris Lexi auf.

Lexi versuchte, Samira zu erreichen. Die nahm aber nicht ab.

„Samira hat wohl ihr Handy auf lautlos gestellt", meinte Lexi.

„Verdammte Scheisse", fluchte Elton. „Was, wenn sie geschnappt wurde?"

„Die singt wie ein Vogel, wenn die Bullen sie in die Mangel nehmen", sagte Chris besorgt.

„Macht euch keinen Kopf. Samira lässt sich nicht erwischen", entgegnete Ralf und stand auf. „Ich steige an der nächsten Haltestelle aus und warte auf die nachfolgende Strassenbahn. Ich melde mich, sobald ich sie gefunden habe."

Die anderen nickten. Ralf ging zur Tür und war froh, als die Strassenbahn anhielt und er an die Luft kam. Ihm lag ein schwerer Stein im Bauch.

4.

Samira war elend zumute. Was Elton und Chris getan hatten, konnte sie nicht gut heissen. Damit waren sie entschieden zu weit gegangen. Der Mann war schwer verletzt, vielleicht würde er sogar sterben. Viel hatte nicht gefehlt, und der Zug hätte ihn überrollt. Sie durfte gar nicht daran denken. Dann wären Elton und Chris Mörder. Was, wenn die Polizei die Clique erwischte? Und was, wenn sie nicht erwischt wurden? War es vielleicht fast noch schlimmer, damit leben zu müssen? Aber sie konnte doch ihre Kollegen nicht verpfeifen! Doch irgendwer musste sie stoppen. Sie waren ausser Rand und Band. Eine solche Attacke durfte sich auf keinen Fall wiederholen. Samira aber konnte sie nicht verraten, das brachte sie nicht fertig, das machte man einfach nicht. Wie aber sollte sie mit diesem Wissen fertig werden, so tun, als wäre nichts passiert? Sie machte sich mitschuldig.

Die Strassenbahn hielt an. Einige Leute stiegen aus. Dann stand plötzlich Ralf vor ihr. „Hallo Samira, alles klar bei dir?" Samira war erleichtert, ihren Freund zu sehen. Sie nahm seine Hand und sagte:

„Ja, alles ist okay. Ich war nur zu langsam, um euch zu folgen."

„Du bist nicht bequatscht worden oder so?", fragte Ralf weiter.

„Nein, niemand hat mich beachtet", antwortete sie. Aber Ralf bemerkte, dass sie geschockt war.

„Komm, vergiss das Ganze", beschwichtigte er. „Der Typ wird schon wieder."

„Ah, so einfach ist das?", entgegnete sie ernst. „Und wenn er stirbt? Er hat nicht gut ausgesehen, als man ihn vor dem Zug auf den Bahnsteig gezerrt hatte."

Ralf erschrak. „Dann bist du also stehen geblieben ..."

„Ja, verdammt noch mal. Leider sehe ich jetzt diese Bilder dauernd vor mir".

„Psst, nicht so laut", flüsterte Ralf. „Du musst jetzt einen kühlen Kopf bewahren."

„Immer schön cool bleiben, etwas anderes fällt euch nicht ein", antwortete Samira mit bebender Stimme.

„Ich find das, was passiert ist, auch nicht gut", sagte Ralf. „Aber es ist nun mal passiert. Also bleibt uns nichts anderes übrig, als den Mund zu halten und solange abzuwarten, bis Gras über die Sache gewachsen ist. Wir müssen jetzt zusammenhalten. Die Clique ist wie eine Familie. Da steht man zueinander, passiere, was wolle."

Samira schwieg und schaute aus dem Fenster. Draussen zog die Bahnhofstrasse vorbei. Die Glitzerwelt mit ihren chicen Läden kam Samira vor wie ein schlechter Scherz.

Am Hauptbahnhof stiegen sie aus. In der grossen Halle lud Samira Ralf zu einem Energy-Drink an einer der Stehbars ein. Während sie sich in die Reihe vor dem Ausgabeschalter stellte, rief Ralf Lexi an und berichtete, dass er Samira gefunden habe und alles okay sei. Man sehe sich dann anderntags in der Schule.

„Acht Franken", verlangte der Albaner, der die Bar führte, und streckte die Hand aus. Samira griff in die Tasche ihrer Shorts und suchte nach dem Geldschein.

Sie stutzte. Samira war sich sicher, dass sie zusammen mit ihrem Schülerausweis auch zwanzig Franken eingesteckt hatte. Sie suchte in der anderen Tasche. Nichts. Samira wurde ganz kalt. Dann drehte sie sich wortlos um und ging einfach weg. Der Albaner fluchte und rief ihr nach:

„He, du, du kannst doch nicht einfach davonlaufen, Mann. Ich hab die Dosen schon geöffnet."

Ralf eilte ihr nach und packte sie am Arm. „He, was ist los, warum läufst du einfach weg?" Samira blieb stehen und schaute ihm in die Augen.

„Ich habe beim Sturz mein Geld und meinen Ausweis verloren", antwortete sie.

„Von welchem Sturz redest du?", fragte Ralf verwirrt.

„Ich bin beim Wegrennen mit einer Frau zusammengestossen und gestürzt. Dabei muss ich den Schülerausweis und mein Geld verloren haben."

„Aber dann wissen die jetzt, wer du bist", sagte Ralf und

spürte, wie der Stein im Bauch schwerer wurde.

„Eben. Wenn die Bullen kommen und mich ausquetschen, dann ist es vorbei. Das halt ich nicht aus!"

„Ach komm schon, vorläufig ist noch gar nichts passiert. Vielleicht liegt der Ausweis immer noch auf dem Gehsteig, oder die Frau hat ihn aufgehoben und schickt ihn dir zurück."

Ralfs Versuch, Samira zu beruhigen, war wenig überzeugend.

Er nahm einen neuen Anlauf: „Und falls die Bullen sich melden, streitest du einfach jeden Zusammenhang mit der Attacke ab. Du bist aus Angst weggerannt. So einfach ist das. Niemand kann dir etwas unterstellen."

Samira fröstelte trotz der Wärme und sagte:

„Ich will nach Hause in mein Zimmer."

5.

Anna Balmer sass in der Redaktion und hämmerte ihre Story vom Bahnhof Stadelhofen in die Tasten. Der Lokalredakteur war begeistert gewesen, vor allem die Bilder hatten ihm gefallen. Die waren absolut exklusiv. Kein anderer Journalist war vor Ort gewesen, solange das übel zugerichtete Opfer zu sehen gewesen war. Die Bilder liessen sich für gutes Geld weiter verkaufen.

Wegen der Aktualität des Ereignisses bekam Anna sogar einen Artikel auf der Frontseite der Online-Ausgabe mit einer eigenen Foto-Strecke. Anna Balmer lächelte. Sie war sehr zufrieden mit sich. Aber das war nur der Anfang. Den Zusammenstoss mit der Schülerin hatte sie mit keinem Wort erwähnt. Sie drehte den Schülerausweis in ihren Fingern und wählte mit der anderen Hand auf ihrem Mobiltelefon die Nummer, die sie im Onlineverzeichnis gefunden hatte. In Zürich-Stettbach wohnte tatsächlich nur eine Familie mit dem Namen Özal.

6.

Samira stürzte sich beim ersten Klingelton aufs Telefon. Sie hob ab und sagte, ohne ihren Namen zu nennen: „Ja?"

„Hier spricht Anna Balmer", meldete sich eine Frau am anderen Ende. „Ich möchte gerne Samira Özal sprechen."

„Am Apparat", antwortete Samira und deutete ihrer Mutter mit der Hand, dass der Anruf ihr selber galt. Die verzog sich darauf wieder in die Küche.

„Wir sind heute unglücklich zusammengestossen, nicht wahr?", fragte Anna Balmer. „Ich gehe davon aus, dass du das warst beim Bahnhof Stadelhofen."

„Ja", sagte Samira kurz angebunden.

„Ich wollte dir nur sagen, dass ich zwanzig Franken und deinen Schülerausweis gefunden habe. Du brauchst dir also keine Sorgen zu machen. Wir können uns gerne treffen, dann kann ich dir Geld und Ausweis zurück geben."

„Okay, wo?", fragte Samira.

„Ich fahre mit der S-Bahn über Stettbach nach Uster, ich könnte am S-Bahnhof Stettbach kurz aussteigen und dir die Sachen übergeben", schlug Anna Balmer vor. „In etwa einer halben Stunde wäre ich dort."

„Das passt. Ich warte oben bei der Wendeschlaufe der Strassenbahn", antwortete Samira.

„Dann bis gleich", sagte Anna Balmer und legte auf.

Samira hatte feuchte Hände, als sie den Hörer auflegte. Wie hatte sie das gemeint, du brauchst dir keine Sorgen zu machen? Hatte Anna Balmer sie durchschaut? Brauchte sie sich wirklich keine Sorgen zu machen? War die Frau auf ihrer Seite? Oder würde sie Samira womöglich in eine Falle locken? Hatte die Polizei das Treffen angeregt? Was sollte sie nur tun? Andererseits, wenn die Polizei davon wusste, warum holte sie sie nicht einfach zu Hause ab? Samira entschloss sich, Ralf um Rat zu fragen. Sie schrieb ihm eine SMS.
sie will mich in einer halben stunde beim bhf stettbach treffen. soll ich gehen?
Er schrieb sofort zurück:
ja, müssen wissen, was sie denkt. bin auch dort.
Samira antwortete:
easy ld
Sie packte eine Umhängetasche und schlüpfte in ihre Pumps. Beim Hinausgehen rief sie ihrer Mutter in der Küche zu: „Ich muss noch schnell weg. Lexi geht es nicht gut. Sie braucht mich."

7.

Anna Balmer kam direkt auf sie zu: „Hallo Samira, hallo ...?"
Sie blickte Ralf fragend an.
„Das ist Ralf, mein Freund", stellte Samira ihn vor.
„Aha, freut mich Ralf. Ich bin übrigens Anna. Wir können uns duzen, schliesslich bin ich ja nicht so viel älter als ihr", meinte sie.
Sie standen da und wussten einen Moment nicht, was sie sagen sollten. Anna griff in ihre Tasche und suchte nach dem

Ausweis und den zwanzig Franken. Dabei fragte sie: „Hast du mitbekommen, was heute Nachmittag am Bahnhof Stadelhofen passiert ist?"

Samira war irritiert und warf Ralf einen Hilfe suchenden Blick zu. Ralf antwortete an ihrer Stelle: „Ja, klar hat sie die Schlägerei mitbekommen, darum ist sie ja weggerannt. Sie hatte Angst."

„Was ist denn genau passiert?", fragte Anna. „Ich selber habe nur einen Verletzten am Boden liegen sehen."

„Jugendliche haben einen Mann zusammen geschlagen", antwortete Ralf.

„Du warst also auch dort?", bohrte Anna weiter.

Ralf zögerte, dann antwortete er schnell: „Nein, Samira hat mir alles erzählt."

Anna Balmer wandte sich an Samira: „Und wie ist es zu der Schlägerei gekommen?"

„Das weiss ich nicht. Ich habe nur gesehen, wie der Mann plötzlich am Boden lag und sie auf ihn eintraten. Dann ist er aufs Gleis gekippt, und ich rannte weg."

„Kennst du die Schläger?", fragte Anna.

Samira schüttelte heftig den Kopf. „Nein, ich habe sie noch nie gesehen."

„Waren sie in deinem Alter?", hakte Anna nach.

Ralf mischte sich ein: „Was soll die Fragerei? Sie hat gesagt, sie kennt sie nicht. Also gib ihr jetzt bitte das Geld und den Ausweis. Wir haben noch etwas vor."

„Sorry", sagte Anna. „Ich wollte euch nicht mit Fragen löchern. Aber das bringt wohl mein Beruf mit sich. Ich bin Journalistin."

Sie überreichte Samira den Ausweis und ihren Geldschein. Ihr entging nicht, welchen Schrecken sie den beiden Jugendlichen mit ihrer Bemerkung versetzt hatte. Anna beschloss, die

Verunsicherung zu nutzen und setzte alles auf eine Karte:

„Ich bin überzeugt, dass ihr sehr wohl wisst, wer die Schläger waren. Ihr sollt auch wissen: Das Opfer, ein Familienvater, ist durch die feige Attacke beinahe umgekommen. Er liegt immer noch auf der Intensivstation. Vielleicht stirbt er. Wenn ihr also die Täter kennt, dann habt ihr jetzt die Gelegenheit, es mir zu sagen. Ich verspreche dir, Samira, dass ich mich notfalls für dich einsetzen werde."

Ralf reagierte heftig: „Wir kennen weder die Täter noch haben wir irgendetwas getan. Also, lass uns einfach in Ruhe!" Damit drehte er sich um und zerrte Samira mit sich fort.

Anna Balmer blickte ihnen nach und sagte laut:

„Samira hat etwas getan. Oder eben nicht, das ist der springende Punkt. Wegrennen wird als unterlassene Hilfeleistung gewertet. Ich bin auf Facebook zu finden. Wenn ich also bis morgen Mittag nichts von euch höre, dann gehe ich mit meiner Vermutung zur Polizei. Gleichzeitig werde ich dein Bild, das ich von deinem Schülerausweis kopiert habe, auf der Online-Ausgabe unserer Zeitung veröffentlichen."

„Das darf sie gar nicht, soviel weiss ich", beschwichtigte Ralf Samira, die abrupt stehen geblieben war. Und Anna schrie er an: „Du hast überhaupt nichts gegen uns in der Hand. Und nun verpiss dich endlich!"

Dann riss er die geschockte Samira mit sich fort.

Anna blickte ihnen nach und lächelte. Leise sagte sie: „Vergiss es. Ich werde euch solange im Nacken sitzen, bis ihr redet."

8.

Ralf begleitete Samira nach Hause. Sie setzten sich vor dem Wohnblock, wo die Familie Özal wohnte, auf eine Bank. Samira war nicht zu beruhigen. „Wenn die Balmer zur Polizei geht und mein Bild veröffentlicht, dann sind wir alle geliefert. Ich darf mir gar nicht vorstellen, wie meine Eltern reagieren werden. Die würden mich sofort in die Türkei schicken und mich mit irgendeinem Fremden verheiraten."

„Jetzt bleib doch auf dem Teppich", versuchte Ralf zu beschwichtigen. „Die blöde Schreiberin geht weder zu den Bullen noch bringt sie dein Foto. Das ist doch Quatsch. Die wittert nur eine gute Story."

„Wir müssen es den anderen sagen", meinte Samira.

„Gar nichts müssen wir den anderen sagen", entgegnete Ralf. „Die Journalistin ist allein unsere Sache. Sie kennt ja niemanden ausser uns. Glaub mir, das ist besser so."

„Und wenn die in der Schule aufkreuzt? Oder bei mir zu Hause? Was dann?", fragte Samira verzweifelt.

„Bis morgen Mittag wird sie nichts unternehmen", antwortete Ralf. „Ich werde mir etwas einfallen lassen und dafür sorgen, dass sie Ruhe gibt. Überlass es einfach mir."

„Und was willst du tun?"

„Keine Ahnung. Aber mir fällt schon etwas ein."

„Du willst sie doch nicht etwa ..."

Ralf lachte. „Nein, ich tu ihr nichts. Ich werde sie nur davon überzeugen, uns in Ruhe zu lassen, weil du und ich nichts mit der Sache zu tun hatten."

„Vielleicht sollten wir zur Polizei gehen", sagte Samira. „Vielleicht sollten wir einfach sagen, wie es war."

„Nein, das können wir nicht. Das geht einfach nicht", protestierte Ralf. „Die besten Freunde zu verraten, ist fast so schlimm, wie jemanden tot zu prügeln."

„Aber Elton und Chris haben uns doch in diese Lage gebracht", entgegnete sie.

„Trotzdem. Es war ja nicht das erste Mal, dass sie zugelangt haben", sagte Ralf.

„Aber bisher waren es Schlägereien mit Gleichaltrigen."

„Sie haben auch schon einen Schwulen verprügelt, und wir fanden das okay", sagte Ralf.

Samira schwieg. Ralf steckte sich eine Zigarette an.

„Wir hätten das heute verhindern müssen", stellte Samira fest.

„Für solche Erkenntnisse ist es jetzt zu spät", antwortete Ralf.

Samira stand auf.

„Es ist schon neun Uhr. Ich muss nach Hause. Sonst stellen die Eltern Fragen."

„Okay, dann schlaf gut", sagte Ralf und drückte sie an sich.

„Ich werde es versuchen", antwortete sie.

Sie küssten sich flüchtig auf die Wange. Mehr lag nicht drin. Samira war ein Türkenmädchen mit traditionell orientierten Eltern.

Niemand stellte Fragen. Die Eltern saßen vor dem Fernseher und schauten sich eine türkische Serie an. Samira putzte sich die Zähne und schlüpfte ins Bett.

Sie lag da und starrte an die Decke. Da hörte sie, dass ihr Handy eine SMS ankündigte. Es war Lexi, die ihr geschrieben hatte:

alles klar bei dir? mir geht es schlecht. scheisse, was heute lief, hdg

Samira schrieb zurück:

voll scheisse. was geht jetzt?

Die Antwort kam prompt:
ich mache schluss mit chris. er ist ein arsch.
Samira überlegte kurz, dann schrieb sie:
c + e sollten zur polizei gehen
Nach ein paar Sekunden war die Antwort da:
sind zu feige
Samira entschloss sich, nicht um den Brei herum zu reden:
würdest du es machen?
Lexi liess keinen Zweifel:
ja
Samira stellte die entscheidende Frage:
würdest du sie verpfeifen?
Es dauerte etwas länger, bis die Antwort kam:
nein, nur unter folter
Typisch Lexi. Sie glaubte, dass die Polizei Leute folterte. Das gab es vielleicht in der Türkei, aber doch nicht hier. Sie überlegte, ob sie Lexi von Anna Balmer berichten sollte. Aber sie liess es bleiben. Stattdessen schrieb sie:
wir halten zusammen, was auch passiert. schlaf gut.
ja, hdg
Erst nach elf Uhr fiel Samira in einen unruhigen Schlaf. Immer wieder tauchten in ihrem Traum die Bilder vom Bahnhof Stadelhofen auf. Einmal fehlten dem verletzten Mann die Beine, einmal der Kopf. Mitten in der Nacht wachte Samira schweissgebadet auf. Sie konnte gerade noch rechtzeitig die Toilette erreichen, bevor sie sich übergeben musste. Danach hatte sie pochende Kopfschmerzen, und es dauerte fast eine Stunde, bis sie wieder einschlafen konnte.

Mittwoch

9.

Als am Morgen der Wecker losging, fühlte sich Samira mehr tot als lebendig. Mit einem Schlag waren die Ereignisse des Vortags wieder präsent. Samira spürte schwere Steine im Bauch, als sie sich über die Bettkante auf die Beine quälte.

Auch Anna Balmer hatte eine schlechte Nacht gehabt. Wirre Gedanken waren ihr durch den Kopf gegangen. Plötzlich hatte sie es mit der Angst zu tun bekommen. Sie hatte den beiden Jugendlichen gedroht. Wenn diese tatsächlich mit der Attacke zu tun hatten, dann war sie damit eine Gefahr für diese Leute, und es war auch nicht auszuschliessen, dass man sie zum Schweigen bringen würde. Heutzutage musste man mit allem rechnen.

Jedenfalls hatte Anna Balmer die Türe zum Treppenhaus abgeschlossen und alle Fenster verriegelt. Bei jedem ungewöhnlichen Geräusch war sie hochgeschreckt und hatte Minuten gebraucht, um sich wieder zu entspannen. Diese ängstliche Seite hatte sie bisher an sich noch gar nicht gekannt.

Dann gab es da noch ein anderes Risiko: nämlich, dass sie zuviel Druck gemacht hatte und Ralf und Samira von sich aus zur Polizei gingen. In diesem Fall war sie ihre tolle Story los.

Als endlich die ersten Sonnenstrahlen ihr Kissen berührten, hatte sie zwar geschlafen, aber beim Aufwachen fühlte sie sich wie gerädert.

Etwas besser ging es Ralf, obschon die Steine im Bauch immer noch da waren. Er hatte Gewissensbisse wegen des Mannes, versuchte aber, seine Gefühle einfach zu ignorieren.

Er schlurfte zum PC hinüber und startete das Internet. Auf allen Online-Info-Portalen war die Attacke auf der Titelseite.

Das würde Elton und Chris freuen. Er hatte am späten Abend mit beiden verschiedene SMS ausgetauscht. Dabei hatte sich gezeigt, dass sie ihre Tat nach wie vor cool fanden und davon schwärmten, wie geil sich das anfühle, wenn man das Phantom sei, das ganz Zürich vergeblich jage. Über das Opfer machten sie sich überhaupt keine Gedanken. Mitgefühl war ihnen fremd oder irgendwann abhanden gekommen. Ralf fand das zwar krank, aber er traute sich nicht, sie mit seiner Meinung zu konfrontieren.

10.

Samira empfand den Weg zur Schule wie einen Spiessrutenlauf. An jedem Kiosk musste sie die fetten Schlagzeilen lesen:
Jugendliche schlagen Familienvater halb tot
Teenager verprügeln Passagier in Stadelhofen
Und in der Gratis-Pendlerzeitung war zu lesen:
Zwei jugendliche Schläger haben gestern Abend auf dem Bahnsteig 1 am Bahnhof Stadelhofen einen Mann attackiert und zusammengeschlagen. Als er bereits am Boden lag, haben sie, laut Augenzeugen, weiter auf den Mann eingetreten und ihn schliesslich auf die Gleise gekippt. Es ist nur der Geistesgegenwärtigkeit anderer Passagiere zu verdanken, dass der Mann im letzten Augenblick vor der einfahrenden S-Bahn gerettet werden konnte. Die Täter sind zusammen mit einer Gruppe Jugendlicher geflüchtet. Die Polizei sucht nach zwei jungen Männern im Alter von etwa 15-18 Jahren ...
Die nachfolgende Beschreibung passte auf Tausende von Jugendlichen. Samira konnte weder Elton noch Chris erkennen. Erstaunt stellte sie fest, dass sie dies eher bedrückte anstatt

erleichterte. Sie registrierte, dass am Schluss des Artikels die Telefonnummer der Stadtpolizei abgedruckt war.

Samira erreichte das Schulzimmer mit dem Läuten. Sie setzte sich an ihren Platz neben Lexi. Herr Spielmann war bereits im Zimmer. Er verteilte gerade die Kopien der Matheprobe. Die hatte Samira völlig vergessen. Lexi wollte etwas zu ihr sagen, aber Herr Spielmann wies sie zurecht:

„Er wird nicht mehr geredet. Alexandra und Samira, ich werde euch im Auge behalten."

Samira schaute sich verstohlen um. Ralf sass alleine an seinem Pult und nickte ihr mit ernster Miene zu. Elton und Chris in der hintersten Reihe schienen gut gelaunt und alberten herum, als sei nichts geschehen.

„Hör auf damit! Gib mir mein Lineal", rief Chris.

„Nimm es dir doch, wenn du kannst", neckte ihn Elton.

„Schluss jetzt mit dem Blödsinn", sagte Herr Spielmann mit lauter Stimme. „Wenn ihr nicht sofort aufhört, schreibe ich euch eine Eins."

Elton meinte halblaut, so dass der Lehrer ihn nicht verstehen konnte:

„Das ist mir doch scheissegal. Hier hast du deine Messlatte, Streber."

Herr Spielmann teilte die Blätter aus und verkündete:

„Ihr habt genau 30 Minuten Zeit, diese zehn Aufgaben zu lösen."

Samira konnte sich nicht konzentrieren. Sie verstand die Fragen nicht und hatte keine Ahnung mehr, was sie in den letzten Tagen durchgenommen hatten. In ihrem Kopf kreisten ganz andere Gedanken. Lexi stiess sie mit dem Ellbogen an.

Aber diesmal hatte Samira ihr nichts zu bieten. Es gab nichts abzuschreiben. Samira versaute die Prüfung völlig.

Auch Ralf hatte Mühe, sich zu konzentrieren. Er drehte nur kurz seinen Kopf nach hinten, um zu sehen, wie es Elton und Chris erging. Aber die kamen offenbar klar. Äusserlich unbewegt, schrieben sie ihren Test.

In der ersten kurzen Pause mussten sie das Zimmer wechseln. Um rechtzeitig vor Ort zu sein, mussten sie sich beeilen. Trotzdem standen sie im Korridor kurz zusammen.

„Habt ihr gesehen? Wir sind auf allen Titelseiten", sagte Elton triumphierend.

Und Chris doppelte nach: „Wir sind das Phantom von Zürich. Sie haben keine Ahnung."

„Ich finde das eher beängstigend, dass wir so viel Staub aufwirbeln", bemerkte Lexi.

Elton lachte und entgegnete: „Im Gegenteil. Ich finde das affengeil."

Ralf warf ein: „Wir müssen los. Sonst kommen wir zu spät in die nächste Stunde. Wir sehen uns in der grossen Pause bei der Raucherecke."

Sie setzen sich in Bewegung.

11.

Anna Balmer trat ins Medienzimmer der Stadtpolizei. Die Ermittler hatten für acht Uhr zur Pressekonferenz geladen. Zahlreiche Medienschaffende hatten sich eingefunden. Der Fall lockte Journalisten und Fernsehteams aus der ganzen

Schweiz und sogar aus dem Süddeutschen an. Sie setzte sich in die dritte Reihe und wartete ab.

Kommissar Holzer begann pünktlich.

„Im Zusammenhang mit den gestrigen Ereignissen am Bahnhof Stadelhofen müssen wir leider sagen, dass wir bezüglich der Täterschaft nach wie vor im Dunkeln tappen. Zeugen berichten übereinstimmend von zwei Jugendlichen männlichen Geschlechts, die auf das Opfer eingeschlagen hätten. Die Personenbeschreibungen sind aber so vage, dass sie auf fast alle jungen Männer in diesem Alter zutreffen könnten. Wir rufen daher die Bevölkerung, insbesondere Jugendliche, die etwas wissen könnten, auf, sich bei uns zu melden. Wir garantieren entsprechende Diskretion."

Anna Balmer streckte die Hand hoch und durfte ihre Frage stellen:

„Wer ist denn eigentlich das Opfer? Und wie geht es ihm?"

Kommissar Holzer antwortete:

„Das Opfer schwebt noch immer in Lebensgefahr. Es handelt sich um einen 46-jährigen Horst Steiner, wohnhaft in der Stadt Zürich, Ehemann und Vater zweier Kinder, die etwa im Alter der Täterschaft sind. Ich darf Ihnen das sagen, weil es der ausdrückliche Wunsch der Familie war, dem Opfer ein Gesicht zu geben. Ich bitte Sie allerdings, auch im Namen der Familie, diese leidgeprüften Menschen jetzt nicht zu belagern und mit Fragen zu belästigen. Sie können Ihnen nämlich im Moment auch nicht mehr zu diesem Verbrechen sagen."

Anna stellte ihre nächste Frage:

„Gibt es denn keine Augenzeugen, die etwas zu den Tätern sagen können?"

Kommissar Holzer antwortete: „Doch schon. Es könnte sich möglicherweise um Schüler handeln. Dafür spricht auch die

Tatzeit, wo vielerorts in der Stadt die Schule aus ist. Für diesen Fall besteht die Hoffnung, dass Mitschülerinnen und Mitschüler direkt oder indirekt davon erfahren und uns kontaktieren. Wir werden ohnehin einen Zeugenaufruf starten."

„Könnte es möglicherweise eine Beziehung zwischen Opfer und Täter geben?", fragte ein Reporter des Lokalfernsehens.

„Wenn Herr Steiner zum Beispiel Lehrer ist oder beim Jugendgericht arbeitet?"

Kommissar Holzer überlegte kurz, bevor er antwortete: „Das glauben wir eher weniger. Herr Steiner ist Bankangestellter. Aber ganz ausschliessen können wir dies natürlich nicht."

Jemand anderer fragte: „Wird eine Belohnung ausgesetzt für Hinweise, die zur Ergreifung der Täterschaft führen?"

„Das werden wir diskutieren, sollten sich in den nächsten Tagen keine konkreten Spuren ergeben", antwortete Kommissar Holzer. „Ich lege Ihnen hier meine Visitenkarte auf. Kontaktieren Sie mich, wenn Ihnen etwas zu Ohren kommt. Und sorgen Sie in den Medien für etwas Wirbel, sprechen Sie die Täter direkt an. Die sollen es ruhig mit der Angst zu tun bekommen."

Damit schloss er die Medienkonferenz. Anna Balmer griff sich eine der Visitenkarten und machte sich auf zur Strassenbahn-Haltestelle. Sie wollte dem Schulhaus Stettbach einen Besuch abstatten.

12.

In der grossen Pause traf sich die Clique in einer Nische des Pausenhofs. Elton und Chris waren ganz aufgekratzt. Samira schüttelte den Kopf und sagte:

„Habt ihr eigentlich noch nie an das Opfer gedacht? Dass es vielleicht sterben oder sein Leben lang eine Behinderung davontragen könnte?"

„Das ist mir egal", antwortete Chris. „Ich kenne ihn ja nicht. Und im Übrigen ist er bestimmt so ein Bankerarsch, der jedes Jahr seinen Bonus abkassiert."

„Vielleicht hat er Kinder", meldete sich Lexi. „Und wie fühlt sich seine Freundin oder seine Frau?"

„Was ist mit euch los?", herrschte Elton die Mädchen an. „Macht ihr jetzt auf Mutter Teresa oder was?"

„Ich find es Scheisse, was ihr gemacht habt", sagte Samira. Jetzt war es raus.

Elton machte grosse Augen, dann erwiderte er: „Interessiert es mich, was du findest?"

Lexi schaute Chris an. Er senkte seinen Blick und sagte: „Wir waren uns einig, dass wir uns einen vornehmen."

„Aber doch nicht so", antwortete Lexi. „Vereinbart war, rempeln, umhauen und dann nichts wie weg. Aber doch nicht, ihn halb tot zu treten."

Samira hakte nach: „Da mach ich nicht mehr mit."

Chris grinste und meinte: „Typisch Frauen, kriegen gleich feuchte Augen, wenn es mal zur Sache geht."

Lexi stiess ihn vor die Brust und schrie: „Du bist so ein blödes Arschloch! Es ist aus zwischen uns."

Dann ging sie weg. Chris wollte ihr nachgehen, aber Elton hielt ihn zurück: „Lass sie ruhig ziehen. Die wird schon wieder antanzen. Was will die kleine Schlampe ohne dich anfangen?"

Samira schüttelte den Kopf und folgte Lexi.

„Und wenn sie uns verpetzen?", fragte Chris.

„Die werden ihre Fresse halten, dafür werde ich sorgen", antwortete Elton.

Ralf ergriff erstmals das Wort. „Bleibt cool. Ich nehme das in die Hand. Ich werde mit den Mädchen reden. Sie werden euch nicht verraten, das garantiere ich euch."
Chris und Elton schauten ihn misstrauisch an. Ralf lachte. „Easy, hombres, ich hab's im Griff".
Sie lachten und schlugen gegenseitig ein.
In diesem Moment sah Ralf Anna Balmer auf der gegenüberliegenden Strassenseite hinter einem geparkten Auto stehen.

13.

Anna Balmer hatte alles beobachtet. Den Streit, wie sich zuerst Lexi und danach Samira von der Gruppe entfernt hatten. Mit einer digitalen Kamera hatte sie die Gruppe und die einzelnen Leute fotografiert. Anna Balmer war ganz aufgewühlt. Sie war sich nun absolut sicher, dass die Clique die Täter waren oder zumindest mit der Attacke auf Horst Steiner zu tun hatten. Sie richtete die Kamera auf Ralf und wartete, bis die Automatik die Schärfe eingestellt hatte. Da bemerkte sie, dass Ralf geradewegs in ihre Linse blickte.

Anna erschrak und riss die Kamera herunter. Während sie auf dem Absatz kehrt machte und die Strasse hinunterging, hörte sie die Schulglocke. Die Pause war zu Ende. Sie verlangsamte ihren Schritt, blieb schliesslich stehen und drehte sich um. Die beiden ihr unbekannten Jungs gingen Richtung Eingang, wo sie kurz darauf verschwanden. Ralf aber überquerte die Strasse und kam schnellen Schrittes direkt auf sie zu.

„Was machst du hier? Warum lässt du uns nicht in Ruhe?", fragte er sie aufgebracht.

„Waren es die beiden anderen, oder habt ihr ihn zu dritt fertig gemacht?", fragte sie.

„Wir haben nichts damit zu tun. Warum will dir das nicht in den Kopf?"

„Weil mein Kopf sich weigert, eure Lügen zu akzeptieren", antwortete Anna kühl. „Ein Mensch kämpft um sein Leben, und ihr spielt die Unwissenden."

„Wir waren es nicht", entgegnete Ralf.

„Dann wisst ihr zumindest, wer es gewesen ist", sagte Anna Balmer. „Wie gesagt, heute Nachmittag werde ich zur Polizei gehen."

„Mach keinen Scheiss", sagte Ralf. „Ich werde heute Nachmittag zu dir kommen und dir alles berichten, was ich gesehen habe. Aber lass Samira aus dem Spiel. Die weiss gar nichts."

„Aha, du warst also doch dort. Du hast mich angelogen", stellte Anna fest.

„Es ist nicht so wie du denkst", entgegnete er.

„Okay, halb Zwei beim Bahnhof Stettbach. Ich hole dich mit dem Auto ab."

Mit diesen Worten liess sie Ralf stehen und ging davon.

14.

Ralf nahm Samira in der letzten Pause am Morgen zur Seite. Er machte sich Sorgen wegen des Ultimatums von Anna Balmer. Was, wenn Samira Lexi ins Vertrauen zog und sich beide gemeinsam entschlossen, Anna Balmer alles zu erzählen?

„Wegen der Journalistin brauchst du dir keine Gedanken zu machen. Ich habe mich mit ihr verabredet und werde ihr noch einmal klar machen, dass wir beide nichts mit der Sache zu tun haben. Und das ist ja eigentlich auch die Wahrheit. Wir haben bei der Schlägerei nicht mitgeholfen. Damit sie Ruhe gibt, werde ich ihr einen Tipp geben, der sie in eine ganz andere Richtung und von uns weg führt."

„Meinst du, das klappt wirklich?", zweifelte Samira. „Sollten wir nicht besser einfach zugeben, dass wir dabei waren, aber nichts getan haben?"

„Das ist es ja. Wir haben nichts getan, aber wir haben es zugelassen. Darum hängen wir genauso mit drin", antwortete Ralf. „Nein, Samira, das dürfen wir auf gar keinen Fall. Chris wie Elton würden aussagen, ich hätte auch zugeschlagen. Vielleicht würden sie mir sogar die Hauptschuld in die Schuhe schieben. Was habe ich dann für eine Chance, da heil raus zu kommen?"

„Lexi und ich würden doch für dich aussagen", antwortete Samira verzweifelt.

„Lass es mich bitte versuchen", sagte Ralf. „Ich verspreche Dir, dass dein Bild nicht in der Zeitung erscheinen wird."

15.

Nur nach langem Hin und Her hatte die Redakteurin Anna Balmer einen Kleinwagen der hauseigenen Flotte überlassen. Sie hatte von wichtigen Recherchen im Zusammenhang mit der Stadelhofen-Attacke ausserhalb der Stadt gesprochen. Sie hatte natürlich mehr wissen wollen, aber Anns hatte sie mit der Aussicht auf eine wichtige Zeugenaussage abgespeist.

Ralf wartete bereits bei der Endstation der Strassenbahn in Stettbach. Anna Balmer hielt am Strassenrand an, und er stieg auf der Beifahrerseite ein. Danach fuhr sie ins nahe gelegene

Parkhaus Stettbacherhof und stellte den Wagen in eine Lücke.
„Ich bin ganz Ohr", sagte sie und wartete.

„Ich sage dir jetzt noch einmal klar und deutlich, dass Samira und ich nichts mit der Sache in Stadelhofen zu tun hatten. Samira hat die Attacke gesehen und ist deshalb im Schock weggelaufen. Du darfst ihr Foto nicht veröffentlichen. Ich weiss, dass das eine Verletzung der Persönlichkeitsrechte wäre und du dich damit strafbar machen und damit deinen Job riskieren würdest. Und wenn du es trotzdem machst, dann bist du dafür verantwortlich, wenn Samiras Eltern sie in die Türkei zurückschicken und dort mit irgendeinem Fremden verheiraten. Aber ich schwöre dir, wenn das passiert, dann bring ich dich um."

Ralf schwieg. Anna Balmer schmunzelte und meinte: „Du liebst sie, nicht wahr?"

Er nickte nur.

Anna Balmer startete den Motor und sagte: „Ich möchte dir etwas zeigen".

Sie fuhr durch Schwammendingen Richtung Stadtzentrum. Ralf war verunsichert. Wohin brachte sie ihn? Sollte er an der nächsten Ampel aussteigen und das Weite suchen? Dann aber hatte er sie erst recht am Hals. Also blieb er sitzen. Als sie den Wagen vor der Universitätsklinik parkte, dämmerte es Ralf, wohin der Ausflug führen sollte. Er versuchte zu protestieren, aber sie schnitt ihm das Wort ab: „Du hast die Wahl. Entweder die Polizei oder das Opfer. Hier hast du meine Kamera. Du bist jetzt mein Praktikant. Also, was ist?"

Er hatte die junge Frau unterschätzt. Zerknirscht nahm Ralf die Kamera, die sie ihm entgegenstreckte, an sich und ging an ihrer Seite hinüber zum Haupteingang. Die Steine in seinem Bauch begannen zu mahlen.

16.

Die Dame an der „Information" gab ihnen Station und Zimmernummer von Horst Steiner bekannt. Er war also nicht mehr auf der Intensivstation. Mit dem Aufzug fuhren sie schweigend in den vierten Stock. Über dem Zimmer mit der Nummer 423 leuchtete ein rotes Lämpchen. Kein Zutritt für Besucher. Vielleicht war Arztvisite oder dem Patient wurden neue Verbände angelegt. Anna Balmer erkundigte sich bei der Stationsschwester. „Schwester, entschuldigen Sie, darf ich Sie etwas fragen?"
„Ja natürlich, was möchten Sie denn wissen?"
„Wir möchten Herrn Steiner besuchen. Bei seinem Zimmer leuchtet aber die rote Lampe. Jetzt wollte ich fragen, ob ..."
Die Schwester schnitt ihr das Wort ab.
„Es tut mir leid. Herr Steiner darf, ausser seinen engsten Angehörigen, keinen Besuch empfangen. Ich muss Sie also bitten zu gehen."
„Wir sind von der Presse und möchten nur ganz kurz ...", versuchte Anna Balmer zu erklären, aber die Schwester unterbrach sie.
„Ich sehe, dass Sie von der Presse sind. Wir haben ausdrückliche Anordnung, niemanden zu Herrn Steiner zu lassen."
In diesem Augenblick trat von hinten ein junger Mann an das Grüppchen heran und sagte:
„Hey Ralfie, was machst du denn hier?"
Ralf drehte sich erschrocken um und erkannte Sven, mit dem er zusammen bei den Junioren D des FC Unterstrass gespielt hatte.
„Arbeitest du bei der Zeitung?", fragte Sven, weil Ralf die Worte im Hals stecken geblieben waren.
„Ja, das heisst, ich mache ein Praktikum als Fotograf", stotterte Ralf.

„Seid ihr wegen meinem Vater da?", fragte Sven ernst.

„Ja, wir wollten ihn ganz kurz sprechen, Anna Balmer ist mein Name", schaltete sich Anna ein.

„Das geht leider nicht", antwortete Sven traurig. „Es geht ihm sehr schlecht, er ist nicht ansprechbar. Aber ich kann euch Auskunft geben. Denn die Familie hat vereinbart, dass wir Papas Tragödie öffentlich machen wollen."

„Gibt es etwas, was die Öffentlichkeit noch nicht weiss?", nutzte Anna die Gelegenheit.

„Papa konnte sich bis jetzt nicht äussern. Aber die Ärzte sagen, wir müssten damit rechnen, dass er bleibende Hirnschäden davonträgt, weil ihm die Täter an den Kopf getreten haben."

„Und wie ist das für euch, die Familie? Was empfindet ihr angesichts dieses abscheulichen Verbrechens?", forschte Lena weiter.

Sven überlegte kurz, dann antwortete er: „Ich möchte, dass die Leute, die das getan haben, meinen Vater jetzt ansehen müssen. Meine Hoffnung ist es, dass die Täter geschnappt und aus dem Verkehr gezogen werden, damit sie keinem anderen Menschen und keiner anderen Familie etwas Derartiges mehr antun können."

„Danke für das Statement", sagte Anna. „Dürfen wir ein Bild von dir machen?"

„Klar", antwortete Sven und schaute Ralf an, der einfach dastand und spürte, wie sich die Steine in seinem Bauch umdrehten.

„Worauf wartest du?", fragte Anna.

Ralf nahm die Kamera hoch. Seine Hände zitterten, als er Sven ins Bild nahm. Er drückte zwei-, dreimal ab.

Anna Balmer bedankte und verabschiedete sich von Sven. „Vielen Dank für die Auskunft. Dann lassen wir dich jetzt zu deinem Vater gehen. Deine Familie braucht dich jetzt."

Sven nickte und sagte: „Ja, ich danke euch, aber ihr versteht, dass ich euch nicht zu ihm lassen kann."

„Das ist doch klar. Ich wünsche dir und vor allem deinem Vater alles Gute", antwortete Anna Balmer und drückte seine Hand. „Tschüss, Sven."

Ralf lächelte gequält, als sich ihre Fäuste zum Abschied leicht berührten und Sven ihn aufforderte: „Melde dich mal wieder, Alter, falls du noch Zeit hast bei deinem Job. Wir haben uns lange nicht gesehen."

„Mach ich", antworte er.

Im Aufzug spürte Ralf, wie ihm kalter Schweiss den Rücken hinunterlief.

„Woher kennst du ihn", fragte Anna.

„Wir haben zusammen Fussball gespielt", antwortete er trotzig.

„Und warum macht dir diese Begegnung so zu schaffen?", bohrte Anna weiter.

„Na hör mal, er ist mein Kumpel, und sein Vater ist das Opfer. Reicht das nicht?", antwortete Ralf lauter als ihm lieb war.

„Es ist etwas anderes, wenn man das Opfer oder seine Familie persönlich kennt, nicht?", sagte Anna. „Dann kann man nicht so tun, als sei einem alles scheissegal. Willst du mir jetzt erzählen, was gestern abgelaufen ist?"

Ralf wurde wütend. „Lass mich endlich in Ruhe! Ich habe ihm nichts getan."

„Es ist doch offensichtlich, dass dir die Sache schwer im Magen liegt", drängte Anna Balmer. „Erleichtere endlich dein Gewissen."

„Verdammte Scheisse", schrie er.

Sie zog es vor zu schweigen. Bevor sie den Parkplatz erreich-

ten, machte sie ihm ein Angebot: „Ich zahle dir und Samira 500 Franken, wenn ihr mir die Geschichte erzählt. Dann aber gehst du zur Polizei. Hier ist die Karte des Kommissars, der sich mit dem Fall beschäftigt."
Er zögerte, dann steckte er die Karte ein, sagte aber kein Wort. Sie fragte: „Und, was nun?"
Er würdigte sie keines Blickes und ging wortlos weg.
Sie rief ihm nach: „He komm schon, ich bring dich nach Hause."
Ralf blickte zurück und sagte, ohne anzuhalten:
„Danke. Bei der Wahl, die mir bleibt, nehme ich lieber die Strassenbahn."

Anna stieg in den Wagen, warf ihre Tasche auf den Beifahrersitz und schlug mit beiden Händen aufs Lenkrad.
„Verdammt", fluchte sie nun ihrerseits: „Ich blöde Kuh hab es verbockt."

17.

Ralf hatte eine Entscheidung getroffen.
Er begab sich auf direktem Weg zum Freizeitzentrum, wo sich die Clique normalerweise am Mittwochnachmittag traf. Chris und Elton waren da. Lexi und Samira waren nirgends zu sehen. Er fragte nach den Mädchen. Elton antwortete: „Die Frauen haben die Hosen voll. Sie haben sich wohl zu Hause verkrochen. Aber das hat man davon, wenn man Weiber in die Gang aufnimmt." Das war auf Chris und Ralf gemünzt, die ihre Freundinnen unbedingt dabei haben wollten. Beide schwiegen.
Chris und Elton waren mit einem Flipperkasten beschäftigt,

andere Jungs spielten Tischfussball. Tote Hose, wie immer.

Ralf zog sich auf die Sitzgruppe zurück und schrieb Samira eine SMS:

alles gut gelaufen. du bist raus. Ich regle das. ly

Sie schrieb nach wenigen Sekunden zurück:

und wie?

Ralf antwortete:

in eurem sinn. gruss an lexi

Samira schien nicht zu verstehen:

???

Ralf antwortete mit:

!!!

Dann schaltete er sein Handy aus.

Von der Sitzgruppe aus beobachtete er das Geschehen. Chris und Elton hingen am Flipperkasten herum. Ein Mädchen setzte sich zu Ralf.

„Bist du allein? Wo ist Samira?"

Die hatte ihm gerade noch gefehlt. Die Kleine hatte es schon lange auf ihn abgesehen.

„Die kommt schon noch", sagte er und blickte an ihr vorbei.

„Wir könnten ja solange ein bisschen Spass haben", schlug sie vor.

„Wie meinst du das", fragte Ralf nach.

„Ein bisschen kuscheln, nichts weiter", antwortete das aufgedonnerte Mädchen, von dem er nicht einmal den Namen kannte. Er wusste nur, dass es eine Klasse unter ihm in die Schule ging.

„Hey, für wen hältst du mich?", herrschte er es ungehalten an. „Glaubst du, du kannst mich so einfach schnell mal Samira ausspannen?"

„Du darfst mich anfassen. Das erlaubt Samira nicht", entgegnete es.

Ralf war sprachlos. Er schüttelte den Kopf und sagte so laut, dass alle sich nach ihnen umschauten: „Vergiss es, du Schlampe."

Sie stand auf, zeigte ihm den Stinkefinger und stöckelte auf ihren viel zu hohen Absätzen davon. Beim Vorbeigehen griff sie Elton demonstrativ in den Schritt und schaute abschätzig zu Ralf hinüber.

Elton lachte und rief Ralf zu: „Hey, Mann, was ist schon dabei? Sie ist doch eine geile Tussi."

Ralf schwieg und lehnte sich zurück. Er tat so, als würde er ein Nickerchen machen.

Die Jungs vom Tischfussball riefen Elton und Chris zu: „Kommt ihr auch raus? Timo dreht einen Joint."

„Wir sind dabei", sagte Chris und rief Ralf zu: „Kommst du mit?"

Ralf stellte sich schlafend. Elton sagte: „Lass ihn, der ist doch schon völlig verladen." Lachend verliessen sie den Raum.

Da entdeckte Ralf, dass Elton sein Handy auf dem Flipperkasten hatte liegen lassen. Er wartete ab, bis die Gruppe im nahen Wald verschwunden war, dann stand er auf und nahm das Handy unbemerkt an sich. Danach verzog er sich auf die Toilette und schloss sich in der Kabine ein. Ralf setzte sich auf den Toilettendeckel und suchte in seiner Jeanstasche nach der Visitenkarte des Polizisten. Das Handy war an. Ohne ein Problem öffnete er die SMS-Eingabe und tippte mit flinken Fingern die direkte Nummer von Kommissar Holzer ein.

Dann schrieb er:

Ich bin elton. habe mit chris den mann am bhf stadelhofen geboxt.

Er zögerte, überlegte, was er noch schreiben könnte, dann

liess er es bleiben und drückte auf „senden".

Ralf reinigte das Handy, spülte, verliess die Kabine, wusch sich die Hände und begab sich wieder in den Spielraum. Niemand war da. Unbemerkt legte er das Telefon wieder auf den Flipperkasten, legte sich in seine Ecke und tat weiter so, als schliefe er.

18.

Als Chris und Elton mit leuchtenden Augen zurückkamen, begaben sie sich gleich wieder zum Flipperkasten und spielten weiter. Offenbar hatte Elton gar nicht bemerkt, dass er sein Handy hatte liegen lassen. Irgendeinmal steckte er es zwischen zwei Kugeln ganz selbstverständlich in die Hosentasche.
Ralf registrierte das mit einer gewissen Erleichterung.

Kommissar Holzer hörte das Signal, dass er eine SMS erhalten hatte. Da er aber gerade in einer Teambesprechung war, ignorierte er es. Nach der Sitzung hatte er die SMS vergessen. Erst kurz vor Feierabend erinnerte er sich daran.
Erstaunt las er die Mitteilung.
Ich bin elton. habe mit chris den mann am bhf stadelhofen geboxt.
Wer waren Elton und Chris? Wann wurde die SMS abgeschickt? Sie war um 16.14 Uhr gesendet worden. Jetzt war 18.20 Uhr. Es waren über zwei Stunden vergangen. Kommissar Holzer ärgerte sich. Er griff zum Tischtelefon und rief den technischen Dienst an. Es dauerte ewig, bis sich jemand meldete.
„Holzer hier", sagte der Kommissar. „Ich brauche jemanden,

der feststellen kann, wem eine bestimmte Handynummer gehört."

„Kann das nicht bis morgen warten?", fragte die Stimme am anderen Ende. „Bei den Telekommunikationsgesellschaften ist Feierabend."

„Nein, das kann nicht warten", antwortete Holzer genervt. „Ich gebe Ihnen jetzt die Nummer bekannt. Haben Sie etwas zum Schreiben?"

Anna Balmer sass in der Redaktion und dachte nach. Würden Ralf und Samira auf ihr Angebot eingehen? Würden sie ihre Freunde verkaufen? Musste sie die Lokalredakteurin einweihen? Vielleicht würde sie ja die Prämie für die beiden Jugendlichen sogar noch erhöhen! Oder würde sie Anna womöglich gleich rausschmeissen, weil sie Ralf Geld angeboten hatte? Wenn sie ihre Chefin überhaupt einweihen wollte, dann musste sie zuerst ihren Artikel mit dem Statement von Sven Steiner schreiben. Sie sah bereits die Schlagzeile und den Lead:

Jetzt spricht der Sohn:
„Ich möchte, dass die Leute, die das getan haben, meinen Vater jetzt ansehen müssen. Meine Hoffnung ist es, dass die Täter geschnappt und aus dem Verkehr gezogen werden, damit sie keinem anderen Menschen und keiner anderen Familie etwas Derartiges mehr antun können."

Kommissar Holzer hatte den Namen und die Daten vor sich liegen:

„Elton Scilacci, 15 Jahre alt, wohnhaft bei seinen Eltern in Zürich-Schwammendingen, eingewanderte Italiener, eingebürgert 1989", las er laut.

„Der Junge ist bisher nicht straffällig geworden, hat aber

einen Bruder, der mehrmals wegen Drogendelikten und Diebstahls vor dem Jugendrichter gestanden hat. Wer aber ist dieser Chris?"

Karin Scheurer meinte: „Immerhin hat sich dieser Elton gemeldet. Offenbar plagt ihn das schlechte Gewissen. Wir sollten ihn noch ein bisschen zappeln lassen. Andererseits ist auch nicht auszuschliessen, dass es sich beim Schreiber der SMS um einen Trittbrettfahrer handelt. Nicht selten bezeichnen sich irgendwelche Verrückte als Täter in Fällen, die grosse öffentliche Beachtung finden."

„Ja, oder es gibt Leute, die solche ‚Scherze' überaus lustig finden", sagte Holzer.

Er beschloss, keinen Schnellschuss zu produzieren. Kommissar Holzer hatte schon alles erlebt.

Donnerstag

19.

Samira hatte auch nachts mehrmals versucht, Ralf zu erreichen. Er hatte ihre Anrufe ignoriert und sein Handy einfach ausgeschaltet. Sie hatte kaum geschlafen und fühlte sich elend. Als sie ihn vor der Schule traf, war sie erbost:
„Warum reagierst du nicht auf meine Anrufe? Ich mache mir Sorgen."
„Ich weiss, aber das brauchst du nicht. Du wirst gleich sehen. Alles wird wieder gut."
„Und wie soll ich das verstehen?", fragte Samira irritiert.
„Ich werde dir alles erklären. Komm erstmal rein ins Schulzimmer."
Sie setzten sich an ihre Plätze. Ralf schaute sich um. Das Pult von Elton und Chris war leer. Er lächelte still vor sich hin, während Samira ihre Bücher und Hefte auspackte und sich leise und angeregt mit Lexi unterhielt.

Doch in dem Moment, als die Glocke die Stunde einläutete, traten Elton und Chris - verschlafen wie jeden Morgen - über die Schwelle und schlurften zu ihrem Pult in der hintersten Reihe. Sie nickten Ralf zu. Der verstand die Welt nicht mehr. War die SMS nicht angekommen, oder nahm der Bulle sie nicht ernst? Ralfs Steine im Bauch begannen wieder zu mahlen. Inzwischen war auch Herr Spielmann eingetreten und begann mit seiner Mathestunde. Als erstes gab er ihnen die Matheprobe des Vortags zurück und sparte nicht mit spitzen Kommentaren. Ralf kassierte eine Dreieinhalb. Samira zeigte ihm zwei Finger, was wohl eine Zwei bedeutete. Scheisse gelaufen.

Kurz vor der Pause klopfte es an die Tür. Herein traten, ohne eine Reaktion abzuwarten, ein älterer Herr in Zivil, gefolgt von einem halben Dutzend Polizisten in voller Montur. Dunkelblaues Kombi, Kampfstiefel und Mütze mit der Aufschrift: Police. Der ältere Herr in Zivil stellte sich vor der Klasse auf und sagte, zu Herrn Spielmann gewandt:

„Guten Morgen. Verzeihen Sie die Störung. Mein Name ist Holzer. Ich bin Kommissar bei der Kripo und mit dem Fall Stadelhofen betreut. Ihr habt alle davon gehört."

Er liess die Worte wirken. Ralf schaute sich verstohlen um. Elton und Chris waren beide aschfahl geworden.

„Wer von euch ist Elton Scilacci?", fragte der Kommissar.

Alle drehten sich nach Elton um. Der sagte halblaut: „Ich."

Der Kommissar wandte sich an Chris: „Dann bist du Chris?"

„Ja", antwortete der und senkte den Blick.

„Ich nehme euch fest wegen des dringenden Tatverdachts, am Dienstag am Bahnhof Stadelhofen auf dem Bahnsteig 1 den wartenden Passagier Horst Steiner zusammengeschlagen und schwer verletzt zu haben."

Während er sprach, begaben sich die Polizisten in die hinterste Reihe und zogen Elton und Chris von ihren Stühlen hoch. Dann legten sie ihnen Handschellen an und führten sie aus dem Zimmer. In der Klasse blieb es mucksmäuschenstill.

Der Kommissar blieb im Zimmer zurück. „Wer von euch war dabei oder weiss etwas darüber?"

Ralf warf Samira und Lexi einen Blick zu und schüttelte unmerklich den Kopf.

„Du wolltest etwas sagen?", sprach ihn Kommissar Holzer an.

„Nein, ich bin nur geschockt", gab Ralf zur Antwort.

„Ihr seid doch eine unzertrennliche Clique, du, Lexi, Samira, Elton und Chris", rief Jeanette, die Musterschülerin.

„Wo seid ihr denn am Dienstag zur Tatzeit gewesen?", fragte der Kommissar.

„Ich war mit Samira allein unterwegs. Wir sind durch die Shops gezogen", antwortete Ralf.
„Wie heisst du, und wer ist Samira"", fragte der Polizist.
„Ich heisse Ralf", sagte der Angesprochene, und Samira hielt die Hand hoch.
„Stimmt das, was Ralf sagt?", fragte der Kommissar. „Seid ihr zusammen unterwegs gewesen?"
„Ja", antwortete Samira, die an die drohende Heirat in der Türkei dachte. „Ich bin mit Ralf in der Stadt gewesen."
„Und du?", wandte sich der Kommissar an Lexi. „Ich nehme an, du bist Lexi, wo warst du an diesem Nachmittag?"
„Ich bin nach der Schule direkt nach Hause", antwortete sie. „Ich hatte viele Aufgaben zu erledigen."
„Ich habe euch doch alle fünf zusammen weggehen sehen", rief Robert, der Aussenseiter. Andere riefen: „Halt deine Schnauze!", „Misch dich nicht ein!"
„Das stimmt. Wir haben uns erst bei der Strassenbahn-Haltestelle getrennt. Lexi ging gleich nach Hause", sagte Ralf. „Samira und ich sind mit der Strassenbahn zum Hauptbahnhof gefahren. Was Elton und Chris gemacht haben, weiss ich nicht."
Kommissar Holzer zuckte die Schulter.
„Naja", sagte er. „Ich nehme das zur Kenntnis. Wir werden es überprüfen. Vielleicht müssen wir euch für eine Aussage aufs Präsidium bestellen."
Ralf schluckte leer, und die Mädchen wechselten die Farbe.
„Aber wenn es so ist, wie ihr gesagt habt, dann habt ihr nichts zu befürchten", meinte Kommissar Holzer, dem nicht entgangen war, dass die drei Angst hatten.
Er reichte dem verdatterten Herrn Spielmann, der wortlos mit dem Rücken zum Fenster gestanden hatte, die Hand, entschuldigte sich für die Störung und wünschte allen einen guten Tag. Dann war er weg.

Herr Spielmann setzte sich an seinen Tisch und sagte: „Das darf doch nicht wahr sein!"

20.

Anna Balmers Artikel *Jetzt spricht der Sohn* hatte es auf die Titelseite der Zeitung geschafft. Sie wurde von ihren Kolleginnen und Kollegen beglückwünscht. Lokalredakteurin Tanja Schreiber war sehr erfreut gewesen, als sie ihr den Artikel vorgelegt hatte. Sie hatte wortwörtlich gesagt: „Wenn du so weitermachst, Anna, dann kriegst du hier bald eine feste Stelle."
Ralf und Samira hatte sie ihr allerdings verschwiegen. Sie wollte diesen Trumpf erst im letzten Augenblick ausspielen. Aber wann war dieser letzte Augenblick?
Es hatte sich nichts getan. Ralf hatte sich nicht gemeldet. Sollte sie Kontakt mit ihm oder Samira aufnehmen? Sie war unschlüssig.
Dann traf sie eine Entscheidung. Sollte sich Ralf bis am Nachmittag nicht melden, dann würde sie Samiras und Ralfs Bilder, die sie gestern Mittwoch auf dem Pausenhof geschossen hatte, veröffentlichen. Darüber würde in grossen Lettern stehen: *Waren sie dabei?*
Ralf und Samira hatten ihre Chance bekommen. Wenn sie diese nicht nutzen wollten, dann war das ihre Sache. Annas Angebot war fair gewesen. Was nach der Veröffentlichung geschah, hatten Samira und Ralf sich selber zuzuschreiben.
Sie startete den Computer und wartete ungeduldig, bis er hoch gefahren und das Programm geöffnet war.
Dann tippte sie ihre Geschichte ein, ohne den Besuch im Spital zu erwähnen.

21.

Kommissar Holzer hatte die Eltern der beiden Jungs über die Verhaftung und die Verdachtsmomente informiert. Sie waren sehr bestürzt gewesen und wollten ihre Sprösslinge sofort sehen. Er vertröstete sie auf später, da er die Verhafteten befragen wollte, bevor sie mit irgendjemandem Kontakt gehabt hatten.

Kommissar Holzer ging danach in aller Ruhe zum Mittagessen in die Kantine und liess die beiden Jugendlichen in ihren Haftzellen schmoren.

Nach dem Mittag liess er sie in unterschiedliche Verhörzimmer bringen.

Währenddessen genehmigte er sich in einer Bar am Limmatquai einen Espresso. Der Kaffee im Präsidium war ungeniessbar.

Eine halbe Stunde später war er zurück und setzte sich, zusammen mit Kriminalassistentin Karin Scheurer, Elton gegenüber an den kleinen Tisch. Er schaltete das Aufnahmegerät ein und sagte:

„Erstes Verhör mit Elton Scilacci in der Sache Stadelhofen. Heute ist Donnerstag, der 26. August 2010, Uhrzeit 13.30. Anwesend sind Elton Scilacci, Kriminalassistentin Scheurer und Kommissar Holzer."

Mit durchdringendem Blick schaute er Elton an und fragte: „Warum hast du mir die SMS geschickt? Hast du ein schlechtes Gewissen?"

Elton schien überrascht zu sein. Er fragte zurück: „Was für eine SMS? Ich habe Ihnen keine SMS geschickt."

Kommissar Holzer zitierte: „Ich bin Elton. Habe mit Chris den Mann am Bahnhof Stadelhofen geboxt ... Sie kam von deinem Handy. Daran besteht kein Zweifel."

Elton lachte gequält. „Was soll der Scheiss?", sagte er. „Wollen Sie mich hereinlegen oder was. Es gibt keine solche SMS."

„Interessant zu hören", entgegnete Holzer. „Dann checken wir doch mal dein Handy."

Elton klaubte sein Mobiltelefon aus der Tasche und reichte es Kommissar Holzer. Der öffnete den Ordner mit den gesendeten SMS, so dass Elton alles sehen konnte. Elton schien nicht zu glauben, was da vor seinen Augen zum Vorschein kam, und wurde ganz weiss im Gesicht.

„Irgendjemand hat mir das untergejubelt. Das habe ich nie im Leben geschrieben", schrie er.

„Nur mit der Ruhe, junger Mann", sagte Holzer gelassen. „Die eigentliche Frage ist die, ob du den Mann am Bahnhof Stadelhofen verprügelt hast."

„Nein, hab ich nicht", schrie Elton.

„Da ist dein Freund Chris aber anderer Ansicht", bluffte Holzer und stand auf.

22.

Holzer und Scheurer gingen ins Verhörzimmer gegenüber, wo Chris Wenger wartete. Nachdem Holzer das Startprozedere erledigt hatte, schaute er Chris triumphierend an und sagte:

„Es ist alles aufgeklärt. Elton hat gestanden. Jetzt bist du dran."

Chris wurde weiss und stammelte: „Das glaube ich nicht. Sie bluffen doch nur. Wir haben ja gar nichts gemacht."

„Ach ja?", fragte Holzer und gab Karin Scheurer ein Zeichen. Sie legte Chris einen Ausdruck der SMS vor.

„Das habe ich gestern von Elton erhalten. Er wollte sein Gewissen beruhigen."

Chris verschlug es die Sprache. Er brauchte einige Sekunden, um sich zu fassen. Dann sagte er: „*Er* war es ja schliesslich auch, der zugeschlagen hat. Ich wollte ihn davon abhalten, aber Elton ist total ausgerastet. Er hat ihn übel zugerichtet."

Holzer und Scheurer warfen sich einen vielsagenden Blick zu.

Karin Scheurer fragte nach: „Du hast also nicht auf Herrn Steiner eingedroschen?"

„Nein, hab ich nicht. Es war Elton, und ich konnte nichts tun."

„Warum konntest du nichts tun?", fragte Holzer.

„Man kann nichts tun, wenn er so ausrastet", antwortete Chris kleinlaut.

„Seid ihr allein gewesen, du und Elton? Oder waren noch andere dabei?", fragte Karin Scheurer.

Chris überlegte kurz, bevor er antwortete: „Wir waren zu zweit."

Lexi wollte er auf keinen Fall mit reinziehen. Aber dann durfte er auch Samira und Ralf nicht erwähnen.

Kommissar Holzer und Karin Scheurer schienen zufrieden.

„Und du würdest deine Aussage unterschreiben?", fragte der Kommissar.

„Ja, sofort, wenn Sie wollen", antwortete Chris und war erleichtert, dass es das schon gewesen war.

Aber da irrte er sich gewaltig.

23.

Inzwischen überlegte Elton fieberhaft, wer ihm diese SMS untergejubelt haben könnte. Chris kam wohl kaum in Frage, da er sich ja selber belastet hätte.

Ralf, Samira oder Lexi? Dafür aber hätten sie ihm ja das Handy klauen müssen.

Das hätte er bestimmt bemerkt.

Die SMS war gestern Nachmittag abgeschickt worden. Zu der Zeit war er mit Chris im Freizeitzentrum gewesen. Sie hatten die ganze Zeit ziemlich zugedröhnt am Flipperkasten verbracht. Nur einmal hatten sie draussen einen weiteren Joint geraucht. Er erinnerte sich, dass Ralf auch da war. Aber der war selber ziemlich weg gewesen, hatte sich aufs Sofa gelegt und war eingepennt.

Das Handy hatte auf dem Flipperkasten gelegen, daran erinnerte er sich. Er hatte es an sich genommen, bevor er nach Hause ging. Wann er es dort hingelegt hatte, davon hatte er keinen Schimmer mehr. Wie auch, in diesem Zustand? War es am Ende doch Chris gewesen?

In diesem Moment ging die Tür auf, und sie kamen zurück.

Wieder setzte der Bulle das Aufnahmegerät in Gang und sagte:

„Wir haben ein unterschriebenes Geständnis von deinem Freund Chris Wenger. Allerdings gibt er an, dass nur du allein zugeschlagen habest. Du seiest völlig ausgerastet."

Die Frau legte ihm das Papier vor, unter dem Chris' Unterschrift zu erkennen war. Während er es überflog, sagte sie:

„Er hat versucht, dich davon abzuhalten. Aber du warst, seiner Aussage zufolge, ausser Rand und Band."

„Es sieht ganz schlecht aus für dich", triumphierte der Oberbulle.

Elton schnürte es die Kehle zu. Schweisstropfen bildeten sich auf seiner Stirn.

Also war es doch Chris gewesen, ging es ihm durch den Kopf. Chris lieferte ihn den Bullen aus, um seinen eigenen Hals zu retten. Was war Chris doch für ein mieses Arschloch. Aber so leicht würde er nicht klein beigeben.

Mit heiserer Stimme sagte er: „Warum wohl habe ich Ihnen die SMS geschickt? Es war genau umgekehrt. *Er* allein hat den Mann verprügelt, und ich wollte ihn zurückhalten. Aber wie Sie ja wissen, habe ich das nicht geschafft. Und damit kann ich nicht leben. Ich bin froh, dass Sie jetzt Bescheid wissen."

„Und das sollen wir nun glauben? Warum hast du es dann vorhin abgestritten?", fragte Karin Scheurer.

Elton zögerte. „Ich hatte plötzlich Schiss, Chris würde vielleicht gar nicht in Haft genommen deswegen", sagte er dann.

Holzer wurde wütend. „Jetzt kommen mir bald die Tränen. Und warum hast du dann geschrieben: *Ich* habe mit Chris den Mann geboxt?"

„Ich habe mich wohl falsch ausgedrückt. Ich wollte eigentlich nur sagen, dass ich dabei war. Sie wissen ja, Deutsch ist nicht meine Muttersprache. Ich bin Italiener."

Kommissar Holzer und Karin Scheurer schauten sich erstaunt an. Das war ja ein Ding, jetzt hatten sie zwei Schläger und zwei Unschuldige.

„Wie auch immer", meinte Holzer, „die Kriminaltechnik wird uns verraten, wer von euch zugeschlagen hat.

24.

Ralf, Samira und Lexi hatten es vermieden, sich in der grossen Pause zu treffen. Sie mischten sich bewusst unter die Mitschülerinnen und Mitschüler, um den Vorwurf, sie seien eine unzertrennliche Clique, nicht zu bestätigen. Die Verhaftung war *das* Thema in der Schule. Einige schimpften über die Bullen, andere konterten, das sei ja absehbar gewesen, dass Elton und Chris eines Tages abgeholt würden, bei dem Scheiss, den sie dauernd machten.

Für einige war es klar, dass die beiden den Mann verprügelt hatten, andere konnten es sich zumindest vorstellen. Es gab aber auch solche - vor allem Schülerinnen -, die es ihnen schlicht und einfach nicht zutrauten.

Lexi musste sich unbequeme Fragen und Sprüche anhören, wurde als Gangsterbraut bezeichnet. Sie spielte tapfer die doofe Tussi, wusste von gar nichts und fühlte sich für einmal sogar wohl dabei.

Samira und Ralf hielten sich, so gut es ging, aus den Diskussionen raus und verbreiteten ansonsten ihre Version vom gemeinsamen Shopping in der City.

Am Nachmittag trafen sich alle drei eine Viertelstunde vor dem Unterricht an einer Strassenbahn-Haltestelle. Die Mädchen wollten natürlich wissen, ob Ralf ihre Kollegen der Polizei verraten hatte. Er hatte diese heikle Frage erwartet und sich eine plausible Erklärung zurechtgelegt:

„Sie haben sich selber bei der Polizei angezeigt. Sie dachten wohl, das sei das Beste, oder sie hatten halt doch Gewissensbisse."

„Das kann ich mir nicht vorstellen", warf Lexi ein. „Chris vielleicht, aber Elton? Niemals würde er sich selber belasten."

„Woher willst du das wissen mit der Selbstanzeige?", fragte Samira misstrauisch. „Warst du dabei?"

„Nein, ich war nicht dabei", log Ralf. „Ich hab es von der Journalistin. Und die hatte es von der Polizei."

„Welche Journalistin?", fragte Lexi. „Was wisst ihr, was ich nicht weiss?"

Samira seufzte und erzählte Lexi, was ihr passiert war:

„Ich bin in Stadelhofen beim Wegrennen ausgerechnet mit einer Journalistin zusammengestossen. Dabei habe ich meinen Ausweis und mein Geld verloren. Jetzt will sie uns erpressen, weil sie überzeugt ist, dass wir etwas wissen."

Lexi reagierte entsetzt:

„Das ist ja voll Scheisse. Dann werden die uns auch verhaften."

Ralf versuchte zu beruhigen:

„Es ist alles okay, Lexi. Wir sind fein raus. Sie hat keinen Grund, uns weiter zu belästigen. Mit Elton und Chris sind die Täter geschnappt", beschwichtigte Ralf.

„Und was ist, wenn die uns mit reinziehen? Wenn sie der Polizei sagen, wir seien dabei gewesen und wir hätten ebenfalls zugeschlagen? Was dann?", stellte Lexi erregt fest.

„Wir streiten einfach ab, dass wir dabei waren", antwortete Ralf, der sich sehr wohl bewusst war, dass er sich damit auf sehr dünnem Eis bewegte.

„Es gibt aber mindestens eine Zeugin", entgegnete Lexi. „Die Journalistin hat Samira praktisch am Tatort gesehen. Zudem hast du ja zugegeben, dass du die Schlägerei beobachtet hast. Wenn nicht Chris und Elton, dann wird *sie* uns bei den Bullen verpetzen."

„Nein, das glaube ich nicht", antwortete Ralf, der sich plötzlich an Anna Balmers Angebot erinnerte. „Lasst Anna Balmer meine Sorge sein. Die wird uns nicht in die Pfanne hauen, das schwöre ich euch."

„Und wie willst du das anstellen? Bringst du sie um?", fragte Samira genervt.

„Nein, ich werde ihr eine Geschichte erzählen, damit sie uns in Ruhe lässt", antwortete er entschlossen. Er wollte endlich seine Steine loswerden.

25.

Es war kurz nach 15.00 Uhr. Anna Balmer hatte ihren Artikel verfasst. Die Lokalredakteurin würde begeistert sein. Immer wieder las sie ihn durch und überlegte, wie viel Zeit sie Ralf und Samira noch gewähren sollte. Ralf hatte nichts mehr von sich hören lassen. Offenbar war ihnen das Geld egal. Oder sollte sie Samira anrufen und nachfragen, ob sie von ihrem Angebot überhaupt Kenntnis hatte? Aber eigentlich hatten die Jugendlichen ihre Chance gehabt. Sie, Anna Balmer, war wirklich fair gewesen. Es waren Samira und Ralf, die nicht hatten kooperieren wollen. Jetzt hatten sie sich selber zuzuschreiben, was nach der Veröffentlichung abgehen würde. Dann aber dachte sie wieder an Samiras drohende Zwangsheirat in der Türkei und war hin und her gerissen. Schliesslich hob sie seufzend den Zeigefinger und wollte gerade auf „Senden" drücken, als auf ihrem Computer eine E-Mail angekündigt wurde.

Aufgeregt öffnete sie ihre Mailbox und stellte fest, dass sich die Polizei gemeldet hatte. Hastig klickte sie die E-Mail an und las mit grossen Augen folgenden Text:

Einladung zu Pressekonferenz

Donnerstag 17.00, Urania-Hauptwache, Medienzimmer
Information:
Der Fall Stadelhofen ist gelöst. Zwei Schüler haben die Attacke gestanden.
Urs Holzer, Kommissar

Anna Balmer schlug verzweifelt mit der Faust auf den Tisch. Damit war ihre Story den Bach runter. Trotzdem war sie ein bisschen erleichtert, als sie die Datei in einen Ordner mit der Bezeichnung „Bullshit" verschob. Dann griff sie nach ihrer Tasche und machte sich viel zu früh auf den Weg zum Urania.

Als sie unten auf der Strasse war, begann ihr Handy zu singen.

Es war Ralf. Er kam gleich zur Sache: „Ich erzähle dir für 500 Stutz, was ich von der Sache weiss. Unter einer Bedingung: Du lässt die Mädchen aus."

Anna horchte auf. „Die Mädchen? Welche Mädchen. Gibt es ausser Samira noch jemanden?"

„Ja, da war noch jemand mit uns shoppen."

Annas Herz klopfte laut. Fieberhaft rang sie mit der Entscheidung, ob sie jetzt noch darauf einsteigen sollte.

„Okay", meinte sie. „Das lässt sich vielleicht machen."

„Kein vielleicht", sagte Ralf kühl. „Entweder oder. Die Mädchen werden nicht erwähnt."

Anna Balmer überlegte kurz, dann antwortete sie: „Einverstanden. Wo bist du?"

26.

Anna Balmer sass schon eine Viertelstunde zu früh im Medienzimmer der Urania-Hauptwache. Ralf hatte ihr seine Version der Ereignisse erzählt, jetzt war sie gespannt auf diejenige der Polizei. Langsam füllte sich der Raum mit Medienleuten. Neben zahlreichen Pressevertretern waren auch alle Radiostationen und mehrere TV-Sender anwesend. Die brutale Attacke Jugendlicher auf einen zufällig ausgewählten Passanten hatte weit herum, auch im umliegenden Ausland, für fette Schlagzeilen gesorgt.

Kommissar Holzer nahm auf dem Podium Platz. Er wurde begleitet von seiner Assistentin Karin Scheurer und dem Polizeipräsidenten. Kommissar Holzer räusperte sich, begrüsste die Anwesenden und verlas anschliessend ein Communiqué:

„Die Stadtpolizei Zürich hat aufgrund einer Selbstanzeige per SMS heute Morgen im Schulhaus Stettbach zwei Schüler verhaftet. Beide Fünfzehnjährigen sind geständig, an der Attacke beteiligt gewesen zu sein. Sie beschuldigen sich jedoch gegenseitig. Das heisst, für die Schläge und Tritte, welche zu den schweren Verletzungen beim Opfer geführt haben, ist, gemäss ihren Aussagen, der Andere verantwortlich. Es ist nun Sache der Polizei, den genauen Ablauf zu klären. Weitere Personen waren, so die Verhafteten, nicht involviert."

Kommissar Holzer legte das Papier auf den Tisch, nahm seine Brille ab und sagte: „Die Erklärung liegt beim Ausgang für Sie bereit. Wir beantworten jetzt gerne Ihre Fragen, falls solche offen sind."

Alle stellten ihre Fragen gleichzeitig. Karin Scheurer mahnte die Journalisten zur Ordnung und rief einzelne Anwesende nacheinander auf, ihre Frage zu formulieren. Von grossem Interesse schien die Selbstanzeige per SMS zu sein.

Kommissar Holzer sagte dazu:
„Einer der beiden Jugendlichen hat mich von seinem Handy aus per SMS angeschrieben. Ich lese Ihnen den kurzen Text gerne vor:
Ich bin Elton. Habe mit Chris den Mann am Bahnhof Stadelhofen geboxt."
Anna Balmer erkundigte sich nach Horst Steiner:
„Können Sie uns etwas über den Gesundheitszustand des Opfers sagen?"
Es war Karin Scheurer, die antwortete: „In dieser Sache können wir keine Auskunft geben. Wir verweisen Sie aber gerne an die Pressestelle des Universitätsspitals. Nächste Frage?"
Anna Balmer nutzte die Gelegenheit:
„Welche Klasse des Schulhauses Stettbach besuchen die Verhafteten?"
„Fragen, welche die Schule und die Klasse der beiden Jungs betreffen, beantworten wir aus Gründen des Personenschutzes nicht", antwortete Kommissar Holzer. „Wir bitten die Medienvertreter vielmehr, die Schule in ihrer Berichterstattung möglichst diskret zu behandeln und auch auf Interviews vor Ort zu verzichten."
Kommissar Holzer nahm einen Schluck aus seinem Wasserglas und schloss die Pressekonferenz mit den Worten:
„Es handelt sich hier um ein abscheuliches Verbrechen, das zum Glück rasch geklärt werden konnte. Ich appelliere nun an Ihre Verantwortung, dass daraus nicht ein unwürdiges Spektakel wird, dass sachlich und mit dem nötigen Respekt gegenüber der Opferfamilie, aber auch der betroffenen Schule, berichtet wird. Je grösser nämlich die Aufmerksamkeit ist, die potentiel-

le Täter mit solch brutalen Attacken bekommen, umso grösser ist die Gefahr, dass es immer wieder Nachahmer gibt. Ich danke Ihnen für das Verständnis."

Kommissar Holzer machte sich keine Illusionen. Er wusste, dass er an eine Wand geredet hatte. Am nächsten Morgen würde das Telefon bei der Schulleitung in Stettbach heiss klingeln, und die ersten Journalisten würden noch vor Schulbeginn auf dem Pausenhof herumstreunen.

Freitag

27.

„Weitere Personen waren, so die Verhafteten, nicht involviert."

Diesen Satz hatte Anna Balmer mit Genugtuung zur Kenntnis genommen. Das passte zur Geschichte, die Ralf ihr erzählt hatte und die heute Morgen als Leitartikel auf der Frontseite der Zeitung für eine ansehnliche Mehrauflage gesorgt hatte. Anna Balmer war der Star des Tages. Sie nahm die Zeitung zur Hand und las noch einmal, was sie geschrieben hatte:

ZEUGE 15) PACKT AUS:
Ein Jugendlicher, dessen Name der Zeitung bekannt ist, aber nicht genannt werden möchte, war zur Tatzeit zufällig am Ort des Verbrechens. Er schildert das Erlebte so:
X: *„Ich war mit meiner Freundin shoppen. Wir zogen nach der Schule durch die Läden und schauten uns an, was an Klamotten angesagt ist. Danach wollten wir in Stadelhofen die S-Bahn nach Stettbach besteigen. Da sahen wir, wie die zwei Typen auf den Mann losgingen. Sie schlugen ihn brutal zu Boden und traten dann auf ihn ein. Die beiden waren völlig crazy. Sie hatten Spass daran. Das hat man richtig gesehen."*
A.B.: *„Warum habt ihr dem Mann nicht geholfen?"*
X: *„Das ging alles zu schnell. Bevor überhaupt jemand reagieren konnte, haben die ihn dann auf das Gleis gekippt und sind abgehauen."*
A.B.: *„Niemand hat eingegriffen?"*
X: *„Wie gesagt. Es blieb gar keine Zeit dazu. Als er dann auf den Schienen lag, sind sofort Leute hingerannt und haben ihn auf den Bahnsteig gezogen. Sonst wäre er überfahren worden."*
A.B.: *„Was haben du und deine Freundin gemacht?"*
X: *„Meine Freundin war so geschockt, dass sie mich einfach ste-*

hen gelassen hat und weggerannt ist. Sie ist mit der Strassenbahn nach Hause gefahren. Ich habe sie erst am Abend wieder gesehen. Sie ist immer noch völlig fertig gewesen."

A.B: „Und du?"

X: „Ich war sehr aufgeregt. Ich habe noch nie so etwas gesehen."

A.B.: „Aufgeregt? Du meinst, du fandest es geil?"

X: „Nein, Sie verstehen das falsch, ich fand es schrecklich."

A.B.: „Was hast du dann gemacht?"

X: „Ich bin in den Zug eingestiegen, der das Opfer beinahe überrollt hätte, und bin nach Stettbach gefahren."

A.B.: „Warum hast du nicht geholfen?"

X: „Ich wollte nur weg von dort. Es waren ja genug Leute da, die sich um ihn gekümmert haben."

A.B.: „Und warum hast du nicht zuerst nach deiner Freundin gesucht?"

X: „Ich weiss es auch nicht. Wahrscheinlich stand ich unter Schock. Ich habe sie dann im Zug angerufen."

A.B.: „Habt ihr die Täter gekannt?"

X: „Ja, es waren zwei Jungs aus unserer Gegend."

A.B.: „Warum habt ihr euch nicht bei der Polizei gemeldet?"

X: „Wir kennen sie nicht näher. Und wir wollten keinen Ärger."

A.B.: „Wie sollen wir das verstehen?"

X: „Wir sind doch nicht lebensmüde."

A.B.: „Willst du damit sagen, dass ihr euch vor ihrer Rache gefürchtet hättet?"

X: „Was glauben Sie denn? Sie wissen doch bei der Zeitung am besten, was läuft. Ihr berichtet doch täglich von Messerstechereien, Schiessereien, Schlägereien."

A.B.: „Dann findest du es also in Ordnung, einfach die Augen zu verschliessen oder wegzugucken unter dem Motto: Das geht mich nichts an?"

X: „Nein, aber Sie wissen genauso gut wie ich, dass die beiden

Verhafteten morgen vielleicht wieder frei herumlaufen."

Anna Balmer hatte diese Aussage absichtlich so im Raum stehen lassen. In einem Kasten neben dem Interview verfasste sie einen kritischen Kommentar zum Jugendstrafrecht. Die verhafteten Jugendlichen hatten im schlimmsten Fall tatsächlich höchstens mit einer vierjährigen Haftstrafe zu rechnen. Das war viel zu wenig, fand sie.

Anna Balmer legte die Zeitung zufrieden auf den Tisch zurück. Der Fall Stadelhofen hatte wenigstens ihr Glück gebracht.

Nachwort

Elton und Chris kamen bis zum Prozess nicht auf freien Fuss. Aufgrund von Zeugenaussagen wurden beide schwer belastet. Die ausgesprochenen Gefängnisstrafen von je zweieinhalb Jahren wurden zugunsten eines Aufenthalts in einem geschlossenen Heim mit entsprechenden Therapiemöglichkeiten auf Bewährung ausgesetzt.

Horst Steiner trug bleibende Schäden davon. Er litt infolge einer Hirnblutung an starken Kopfschmerzen und hatte Lähmungserscheinungen am linken Arm. Bis auf weiteres konnte er nicht arbeiten. Chris hatte sich bei ihm schriftlich entschuldigt und ihn um Verzeihung gebeten. Von Elton hatte er nie etwas gehört.

Samira und Lexi dachten nur ungern an die Geschichte zurück. Sie beschlossen, nie mehr darüber zu reden. Aber irgendwie war damit etwas zwischen ihnen zu Bruch gegangen. Sie hatten sich voneinander entfernt.

Ralf hatte sich fest vorgenommen, Samira eines Tages zu gestehen, wie die Sache wirklich abgelaufen war. Aber bis jetzt hatte er den Mut dazu nicht aufgebracht.

Denn wer die SMS geschrieben hatte, interessierte aufgrund der Faktenlage eigentlich niemanden mehr. Ausser Elton natürlich. Der grübelte während zahlreichen schlaflosen Nächten verbittert darüber nach.

Roger Strub

STEINE IM BAUCH

Theaterstück für Jugendliche

Worum geht es?

Am Zürcher S-Bahnhof Stadelhofen schlagen Elton und Chris einen zufällig ausgewählten Passanten zusammen. Ihre Clique Ralf, Lexi und Samira schauen mit gemischten Gefühlen zu. Als die Gruppe nach der Attacke das Opfer schwerverletzt zurücklässt und flieht, stösst Samira mit der jungen Journalistin Anna Balmer zusammen. Anna Balmer macht das Verbrechen zu ihrer Story. Sie nimmt Kontakt mit Samira auf, die sie mit Ralf zusammenführt, den das schlechte Gewissen plagt und der schlussendlich eine fragwürdige Entscheidung trifft, um sich und Samira aus der Sache raus zu halten.

Was soll das?

In dieser Geschichte gibt es keine Helden. Alle Hauptpersonen sind egoistisch und eigennützig. Sie alle verdrehen die Wahrheit zu ihren Gunsten, um entweder möglichst schadlos davon zu kommen oder aber, im Fall von Anna Balmer, Kapital aus der Sache zu schlagen.

Trotzdem meldet sich bei einzelnen Protagonisten auch das Gewissen: Das Weltbild, die Sicht der Dinge dreht sich nach dem Ereignis plötzlich in eine unvorhergesehene Richtung und lässt manches anders erscheinen als vorher.

Brisant:

Die Geschichte basiert auf einer wahren Begebenheit, die sich am 12. August 2008 am Bahnhof Stadelhofen ereignet hat. Die Personen und die nachfolgende Handlung sind aber frei erfunden.

Personen und Rollen

Hauptrollen (3):
Anna Balmer, Praktikantin bei einer grossen Tages-Zeitung
Ralf Schneider, Oberschüler
Samira Özal, Oberschülerin

Erzählerinnen, Vorleser/innen (Sprecherinnen) (6)

Wichtige Nebenrollen (4):
Elton Scilacci, jugendlicher Schläger
Chris, jugendlicher Schläger
Lexi, Chris' Freundin
Kommissar Holzer, Zürcher Polizei

Kleinere Nebenrollen (7):
Sven, Sohn des Opfers
Schwester Inge
Tanja Schreiber, Lokalredakteurin (Toni Schreiber, Lokalredakteur)
Franziska Spielmann, Lehrerin (Franz Spielmann, Lehrer)
Karin Scheurer, Kriminalassistentin
Aufgedonnertes Mädchen
Jeannette, Aussenseiterin der Klasse

Kurzeinsätze und Statisten (6-8)
Kioskverkäufer/in
Junge vom Tischfussball
Passagiere am Bahnhof Stadelhofen / Stettbach / Hauptbahnhof
Samiras Mutter

Mitschülerinnen und Mitschüler
Polizisten/Polizistinnen

Technik: (3)
Licht, Ton, Bild

Regieanweisungen

Das Stück wird in einem Saal mit verschiedenen „Bühnen" gespielt:
- Redaktion
- Bahnhöfe Stadelhofen/Stettbach
- Strassenbahn
- Kiosk (HBf)
- Parkbank
- Schulzimmer
- Spital
- Jugendhaus
- Toilette
- Polizeirevier

Im Publikum: **Offsprecherin/Vorleserin**

Multimediale Einspielungen:
- SMS
- Musik/Geräusche

Dekors:
Keine Kulissen
Nur weisses Licht und einzelne notwendige Objekte als Dekors

Geeignete Räumlichkeiten:
Industriegebäude, Halle mit diversen Szenerien auf Podesten, am Boden, in Ecken, im Publikum, Lichtgerüst mit Traversen und Scheinwerfern.

1. Akt: Dienstag

Szene 1: Dienstag, 16.00 Uhr

Büro der Lokalredaktion. Tanja Schreiber, die Lokalredakteurin, blättert in einigen Papieren und schüttelt seufzend den Kopf. Dann greift sie zum Telefon.

Tanja Schreiber:
„Anna, kannst du mal rüberkommen bitte? (*Pause*) Ja, es ist dringend."
Sie legt den Hörer auf. Kurz darauf tritt Anna Balmer ein.

Anna Balmer:
„Was ist, sind die Artikel nicht gut oder was?"

Tanja Schreiber:
„Doch, sie sind gut geschrieben. Aber der Inhalt, Anna, der Inhalt ist einfach Schrott. Du musst jetzt endlich etwas bringen, was die Leute auch lesen wollen. Ich meine, wen interessiert das? Lehrer in Stettbach geht nach vierzig Jahren in den Ruhestand. Der hatte doch eh schon das halbe Leben lang Ferien."

Anna Balmer findet das respektlos und protestiert.
Anna Balmer:
„Der Typ hat ein Recht darauf, dass seine Arbeit wenigstens einmal in vierzig Jahren gewürdigt wird. Da er jetzt abtritt, ist das die letzte Gelegenheit."

Tanja Schreiber:
„Anna, ich bitte dich, er schreibt in den nächsten Jahren wie alle pensionierten Lehrer eine Quartierchronik. Das können wir dann unter Kurzmeldungen bringen."

Anna schweigt. Sie ist verärgert.
Tanja Schreiber:
„Wir sind nun mal kein Quartieranzeiger. Bei unserem Blatt sind Geschichten gefragt, so richtig fette Storys, wie deine Generation sie zu nennen pflegt. Ich will entweder Fehltritte und Ausschweifungen von Promis oder aber Blut und Tränen, Fäuste und Messer, was auch immer. Hauptsache, es bietet Gesprächsstoff am Stammtisch und in der Strassenbahn. Und noch wichtiger: Du musst einige Tage dran bleiben können, Fortsetzung folgt, verstehst du? Das bringt Auflage und macht die Leser abhängig. Hast du nie Micky Maus gelesen?"

Anna senkt den Blick. Dann verteidigt sie sich.
Anna Balmer:
„Du schickst mich doch zur Vollversammlung vom Quartierverein, zum Konzert der Schülerband am Abschlussball, zum Grümpelturnier des FC Wiedikon, dorthin, wo kein anderer Journalist unserer Zeitung hin will. Was soll ich also bitteschön tun?"

Die Redakteurin lacht nur und sagt:
Tanja Schreiber:
„Halt einfach die Augen offen, die Geschichten liegen auf der Strasse. Denn wenn du die Nase für eine richtig fette Zeitungsstory nicht hast, dann bist du bei uns fehl am Platz. Dann musst du dir bald einen anderen Job suchen. Haben wir uns verstanden?"

Anna Balmer *kleinlaut:*
„Ja."

Tanja Schreiber:
„Okay, das wär's dann."
Sie wendet sich wieder ihren Papieren zu und schenkt Anna keine Beachtung mehr. Anna dreht sich um und verlässt den Raum.

Sprecherin 1:
„Anna ist seit einem halben Jahr, nach Abschluss der Matura und einem abgebrochenen Jus-Studium an der Uni, Praktikantin in der Lokalredaktion der grössten Zürcher Tageszeitung. Eine gute Geschichte ist ihr während dieser Zeit nicht gelungen. Nicht genug damit, dass sie mit dem medialen Sprachstil der Zeitung zu kämpfen hat, sie ist bisher auch an nichts heran gelaufen, über das sich zu berichten lohnt. Die Schreiber geht ihr zwar auf die Nerven, aber sie hat ja recht. Entweder nimmt Anna immer den falschen Weg, oder jemand anderes hat die Geschichte bereits aufgelesen. Anna ist verzweifelt. Aber das wird sich bald ändern."

Licht aus.

Szene 2, Dienstag 17.00 Uhr

Sprecherin 2:
„Es geht alles blitzschnell. Chris und Elton stürzen sich auf den Mann, der auf dem Bahnsteig auf die S-Bahn Richtung Stettbach wartet. Sie schlagen ihm ohne Vorwarnung ihre Fäuste ins Gesicht. Der Mann geht zu Boden, und Elton tritt auf den Wehrlosen ein. Der versucht auf die Beine zu kommen. Aber Elton trifft mit voller Wucht seinen Hinterkopf, worauf der Mann seitwärts über den Rand des Bahnsteigs kippt und auf die Gleise fällt.

Chris, Elton und die anderen drei Mitglieder der Clique rennen los. Aus dem Tunnel ist bereits das anschwellende Dröhnen des herannahenden Zuges zu hören.

Ein Mädchen der Clique schaut zurück und bleibt dann zögernd stehen. Niemand achtet auf die Flüchtenden. Alle starren gebannt auf das Opfer, das reglos auf den Gleisen liegt. Samira ist entsetzt. Sie kann sehen, wie einige Leute zur Stelle eilen, wo der Mann auf das Gleis gefallen ist, und wie sie verzweifelt versuchen, ihn auf den Bahnsteig zurück zu zerren. In diesem Moment rast der Zug aus dem Tunnel. In letzter Sekunde können sie den Mann vor dem Überrollen retten. Mit quietschenden Bremsen kommt der Zug zum Stillstand. Die Türen öffnen sich, und die Passagiere ergiessen sich auf den Bahnsteig.

Samira kann den blutüberströmten Mann, der jetzt inmitten einer aufgeregten Gruppe von Leuten am Boden liegt, nicht mehr sehen.
Sie rennt los Richtung Strassenbahn-Haltestelle Stadelhofen."

An der Ecke des Bahnhofgebäudes prallt sie mit der entgegenkommenden Anna Balmer zusammen. Samira wird zu Boden geschleudert. Schnell rappelt sie sich wieder auf und eilt davon. Die Frau ruft ihr nach.

Anna Balmer:
„Kannst du dich nicht wenigstens entschuldigen, du blöde Göre!".
Anna Balmer blickt Samira nach, bis sie in der Strassenbahn verschwunden ist.
Anna Balmer:
„Das glaub ich ja nicht."
Sie schüttelt den Kopf und will weitergehen, als sie den Ausweis und den Geldschein am Boden entdeckt. Sie hebt beides auf und liest:
Anna Balmer:
„Samira Özal, Schülerin 8. Klasse, Schulhaus Stettbach. Sieh mal einer an. Die lässt ihre Visitenkarte liegen. Und zwanzig Stutz. Was will mir das sagen?"
Anna steckt Ausweis und Geldschein in ihre Jeans und biegt um die Ecke auf den Bahnsteig.

Was ist denn hier los? Eine Menschentraube beugt sich über eine am Boden liegende Gestalt. Aufgeregt klaubt Anna die Digitalkamera aus ihrer Umhängetasche und lässt das Objektiv ausfahren. Mit zittrigen Fingern knipst sie mehrere Bilder und erkundigt sich.
Anna Balmer:
„Was ist denn hier los?"

Passantin 1:
„Zwei junge Männer haben diesen Mann grundlos zusammengeschlagen und auf das Gleis gekippt."

Passantin 2:
„Danach sind sie mit anderen Jugendlichen in diese Richtung davon gerannt."

Anna Balmer:
„In diese Richtung? Waren auch Mädchen dabei?"

Passantin 2:
„Ja, ich glaube schon."

Passantin 1, *schreit:*
„Kommt denn eigentlich keine Hilfe? Der stirbt uns hier sonst unter den Händen weg."

Während sie das sagt, treffen Polizisten und Rettungssanitäter ein. Anna Balmer schiesst noch einige Bilder von der Bergung, dann wird sie von einem Beamten der Polizei in Zivil weggewiesen.

Kommissar Holzer:
„Keine Fotos bitte. Verlassen Sie das Areal."
Den Beamten ruft er zu:
Kommissar Holzer:
„Los, drängt die Gaffer zurück und sperrt das Gelände grossräumig ab."

Anna wird von Polizisten am Arm gepackt und weggeführt.
Hinter dem Bahnhof zieht sie den Schülerausweis des Mädchens aus der Tasche und betrachtet ihn.
Anna Balmer:
„Hast du etwas damit zu tun? Bist du dabei gewesen? Bist du deswegen davon gerannt?"
Anna Balmer lächelt und blickt ins Publikum.

Anna Balmer:
„Vielleicht ist er das, *mein* Fall, mit dem sich endlich Zeitung machen lässt?!"
Sie schaut auf den Schülerausweis und sagt:
Anna Balmer:
„Samira Özal, du bist mein Glück. Wir werden uns wiedersehen."

Licht aus.

Szene 3, Dienstag 17.10 Uhr

Sprecherin 1:
„Elton, Chris, Ralf und Lexi haben die Strassenbahn Richtung Hauptbahnhof erwischt. Sie sind in ausgelassener Stimmung. Wegen der anderen Passagiere stecken sie die Köpfe zusammen und sprechen leise."

Chris:
„Der ist schon nach den ersten Schlägen zu Boden gegangen, der Saftsack."
Er lacht und zeigt seine Faust, an der noch das Blut des Opfers klebt.

Elton:
„Ich glaube, den haben wir platt gemacht. Da ist nämlich gleich der Zug gekommen."

Lexi, *einziges Mädchen in der Runde, entsetzt:*
„Glaubst du, er ist tot?"

Elton:
„Wenn die es nicht geschafft haben, ihn auf den Bahnsteig zu ziehen, dann ist er hinüber."

Chris:
„Geil. Dann haben wir so einen Scheiss-Banker weniger. Wir werden Schlagzeilen machen."

Lexi:
„Das finde ich gar nicht lustig. Wenn er tot ist, dann haben wir ein echtes Problem."

Elton:
„Ach was, die erwischen uns nie. Wenn keine Beziehung zwischen Täter und Opfer besteht, dann finden die die Mörder nie."

Lexi *entgeistert:*
„Mörder? Das klingt ja schrecklich!"

Elton fixiert Lexi mit seinen kalten, blauen Augen.
Elton:
„Wir müssen jetzt nur alle den Mund halten"
Lexi schweigt und senkt ihren Blick.
Elton:
„Klar, Lexi?"

Lexi, *leise:*
„Ja, alles klar."

Chris wendet sich an Ralf, der bisher geschwiegen hat.
Chris:
„Wo ist eigentlich Samira?"

Ralf:
„Die ist ein bisschen langsam auf den Beinen. Sie hat wahrscheinlich die Strassenbahn verpasst und ist in die nächste eingestiegen."

Chris fordert Lexi auf:
Chris:
„Ruf sie an!"

Lexi versucht, Samira zu erreichen. Die nimmt ihr Handy aber

nicht ab.
Lexi:
„Samira hat wohl ihr Handy auf lautlos gestellt."

Elton:
„Verdammte Scheisse. Was, wenn sie geschnappt wurde?"

Chris, *besorgt:*
„Ja, die singt wie ein Vogel, wenn die Bullen sie in die Mangel nehmen."

Ralf:
„Macht euch keine Sorgen. Samira lässt sich nicht erwischen. Ich steige an der nächsten Haltestelle aus und warte auf die nachfolgende Strassebahn. Ich melde mich dann, sobald ich sie gefunden habe."

Die anderen nicken. Ralf geht zur Tür und verlässt die Strassenbahn.

Sprecherin 1:
„Ralf ist froh, dass er an die Luft kommt. Ihm liegt ein schwerer Stein im Bauch."

Licht aus.

Szene 4, Dienstag 17.15 Uhr

Sprecherin 2:
„Samira sitzt in der Strassenbahn. Ihr ist elend zumute. Was Elton und Chris getan haben, kann sie nicht gut heissen. Damit sind sie entschieden zu weit gegangen. Der Mann ist schwer verletzt, vielleicht wird er sogar sterben. Viel hat nicht gefehlt, und der Zug hätte ihn überrollt. Sie darf gar nicht daran denken. Dann wären Elton und Chris Mörder. Was, wenn die Polizei die Clique erwischt? Und was, wenn sie nicht erwischt werden? Ist es vielleicht fast noch schlimmer, damit leben zu müssen? Aber sie kann doch ihre Kollegen nicht verpfeifen! Aber irgendwer muss sie stoppen. Sie sind ausser Rand und Band geraten. Eine solche Attacke darf sich auf keinen Fall wiederholen. Samira aber kann Chris und Elton nicht verraten, das bringt sie nicht fertig, das macht man einfach nicht. Wie aber soll sie mit diesem Wissen fertig werden, so tun, als wäre nichts passiert? Sie hat sich mitschuldig gemacht.

Die Strassenbahn hält an. Einige Leute steigen aus. Dann steht plötzlich Ralf vor ihr."

Ralf:
„Hallo Samira, alles klar bei dir?"

Samira ist erleichtert, ihren Freund zu sehen. Sie nimmt seine Hand und sagt:
Samira:
„Ja, alles ist okay. Ich war nur zu langsam, um euch zu folgen."

Ralf:
„Du bist nicht bequatscht worden oder so?"

Samira:
„Nein, niemand hat mich beachtet."

Aber Ralf bemerkt, dass sie geschockt ist.
Ralf:
„Komm, vergiss das Ganze, der Typ wird schon wieder."

Samira, *ernst:*
„Ah, so einfach ist das? Und wenn er stirbt? Er hat nicht gut ausgesehen, als sie ihn vor dem einfahrenden Zug auf den Bahnsteig gezerrt haben."

Ralf, *erschrocken:*
„Dann bist du also doch stehen geblieben …"

Samira:
„Ja, verdammt noch mal. Leider sehe ich jetzt diese Bilder dauernd vor mir".

Ralf:
„Psst, nicht so laut. Du musst jetzt einen kühlen Kopf bewahren."

Samira, *mit bebender Stimme:*
„Immer schön cool bleiben, etwas anderes fällt euch nicht ein?"

Ralf:
„Ich find das, was passiert ist, auch nicht gut. Aber es ist

nun mal passiert. Also bleibt uns nichts anderes übrig, als den Mund zu halten und solange abzuwarten, bis Gras über die Sache gewachsen ist. Wir müssen jetzt zusammenhalten. Die Clique ist wie eine Familie. Da steht man zueinander, passiere, was wolle."

Sprecherin 2:
„Samira schweigt und schaut aus dem Fenster. Draussen zieht die Bahnhofstrasse vorbei. Die Glitzerwelt mit ihren chicen Läden kommt Samira vor wie ein schlechter Scherz.

Am Hauptbahnhof steigen sie aus. In der grossen Halle lädt Samira Ralf zu einem Energy-Drink an einer der Stehbars ein. Während sie sich in die Reihe vor dem Ausgabeschalter stellt, ruft Ralf Lexi an."

Ralf:
„Hallo Lexi, ich habe Samira gefunden. Es ist alles okay. Man sieht sich dann morgen in der Schule."

Der Albaner, der die Bar führt, streckt die Hand aus.
Albaner:
„Acht Franken."

Samira greift in die Tasche ihrer Shorts und sucht nach dem Geldschein.
Sie stutzt. Sie sucht in der anderen Tasche. Nichts. Dann dreht sie sich wortlos um und geht einfach weg. Der Albaner ruft ihr etwas nach.
Albaner:
„He, du, du kannst doch nicht einfach davonlaufen, Mann. Ich hab die Dosen schon geöffnet."

Ralf läuft ihr nach und packt sie am Arm.
Ralf:
„He, was ist los, warum läufst du einfach weg?"

Samira bleibt stehen und schaut ihm in die Augen.
Samira:
„Ich habe beim Sturz mein Geld und meinen Ausweis verloren."

Ralf, *verwirrt:*
„Von welchem Sturz redest du?"

Samira:
„Ich bin beim Wegrennen mit einer Frau zusammengestossen und gestürzt. Dabei muss ich den Schülerausweis und mein Geld verloren haben."

Ralf:
„Aber dann wissen die jetzt, wer du bist!"

Samira:
„Eben. Wenn die Bullen kommen und mich ausquetschen, dann ist es vorbei. Das halt ich nicht aus!"

Ralf:
„Ach komm schon, vorläufig ist noch gar nichts passiert. Vielleicht liegt der Ausweis immer noch auf dem Gehsteig, oder die Frau hat ihn aufgehoben und schickt ihn dir zurück.
Und falls die Bullen sich doch bei dir melden, streitest du einfach jeden Zusammenhang mit der Attacke ab. Du bist aus Angst weggerannt. So einfach ist das. Niemand kann dir etwas unterstellen."

Samira, *fröstelnd:*
„Ich will nach Hause in mein Zimmer."

Licht aus.

Szene 5, Dienstag 18.30 Uhr

Sprecherin 1:
„Anna Balmer sitzt in der Redaktion und hämmert ihre Story vom Bahnhof Stadelhofen in die Tasten. Der Lokalredakteur war begeistert gewesen, vor allem die Bilder hatten ihm gefallen. Die waren absolut exklusiv. Kein anderer Journalist war vor Ort gewesen, solange das übel zugerichtete Opfer zu sehen gewesen war. Die Bilder lassen sich für gutes Geld weiter verkaufen.

Wegen der Aktualität des Ereignisses bekommt Anna sogar einen Artikel auf der Frontseite der Online-Ausgabe mit einer eigenen Foto-Strecke. Anna Balmer lächelt. Sie ist sehr zufrieden mit sich. Aber das ist nur der Anfang. Den Zusammenstoss mit der Schülerin hat sie mit keinem Wort erwähnt. Sie dreht den Schülerausweis in ihren Fingern und wählt mit der anderen Hand auf ihrem Mobiltelefon die Nummer, die sie im Onlineverzeichnis gefunden hat. In Zürich-Stettbach wohnt tatsächlich nur eine Familie mit dem Namen Özal."

Samira stürzt sich beim ersten Klingelton aufs Telefon. Sie hebt ab und sagt:
Samira:
„Ja?"

Anna Balmer:
„Hier spricht Anna Balmer. Ich möchte gerne Samira Özal sprechen."

Samira:
„Am Apparat."

Anna Balmer:
„Wir sind heute unglücklich zusammengestossen, nicht wahr? Ich gehe davon aus, dass du das warst beim Bahnhof Stadelhofen."

Samira, *spitz:*
„Ja."
Samira deutet ihrer neugierigen Mutter mit der Hand, dass der Anruf ihr selber gilt. Die verzieht sich darauf wieder in die Küche, die Hände an ihrer Schürze trocknend.

Anna Balmer:
„Ich will dir nur sagen, dass ich zwanzig Franken und deinen Schülerausweis gefunden habe. Du brauchst dir also keine Sorgen zu machen. Wir können uns gerne treffen, dann kann ich dir das Geld und den Ausweis zurück geben."

Samira:
„Okay, wo?"

Anna Balmer:
„Ich fahre mit der S-Bahn über Stettbach nach Uster. Ich könnte am S-Bahnhof Stettbach kurz aussteigen und dir die Sachen übergeben. In etwa einer halben Stunde wäre ich dort."

Samira:
„Das passt. Ich warte oben bei der Wendeschlaufe der Strassenbahn."

Anna Balmer:
„Dann bis gleich."
Sie legt auf.

Sprecherin 1:
„Samira hat feuchte Hände, als sie den Hörer auflegt. Wie hat sie das gemeint, *du brauchst dir keine Sorgen zu machen?* Hat Anna Balmer sie durchschaut? Braucht sie sich wirklich keine Sorgen zu machen? Ist die Frau auf ihrer Seite? Oder wird sie Samira womöglich in eine Falle locken? Hat die Polizei das Treffen angeregt? Was soll sie nur tun? Andererseits, wenn die Polizei davon weiss, warum holt sie sie dann nicht einfach zu Hause ab? Samira entschliesst sich, Ralf um Rat zu fragen. Sie schreibt ihm eine SMS."

Leinwand:
(Samira:)
sie will mich in einer halben stunde beim bhf stettbach treffen. soll ich gehen?

(Kurz darauf von Ralf:)
ja, müssen wissen, was sie denkt. bin auch dort.

(Samira:)
easy ld

Samira packt eine Umhängetasche und schlüpft in ihre Schuhe. Beim Hinausgehen ruft sie ihrer Mutter in der Küche zu:
Samira:
„Ich muss noch schnell weg. Lexi geht es nicht gut. Sie braucht mich."

Licht aus.

Szene 6, Dienstag 19.15 Uhr

Anna Balmer kommt direkt auf Samira und Ralf zu:

Anna Balmer:
„Hallo Samira, hallo ...?"
Sie blickt Ralf fragend an.

Samira:
„Das ist Ralf, mein Freund."

Anna Balmer:
„Aha, freut mich Ralf. Ich bin Anna. Wir können uns duzen, schliesslich bin ich ja nicht so viel älter als ihr."

Sie stehen da und wissen einen Moment nicht, was sie sagen sollen. Anna greift in ihre Tasche und sucht nach dem Ausweis und den zwanzig Franken.

Anna Balmer:
„Hast du mitbekommen, was heute Nachmittag am Bahnhof Stadelhofen passiert ist?"

Samira ist irritiert und wirft Ralf Hilfe suchende Blicke zu.

Ralf:
„Ja, klar hat sie die Schlägerei mitbekommen, darum ist sie ja weggerannt. Sie hatte Angst."

Anna Balmer:
„Was ist denn genau passiert? Ich selber habe nur einen Verletzten am Boden liegen sehen."

Ralf:
„Jugendliche haben einen Mann zusammen geschlagen."

Anna Balmer:
„Du warst also auch dort?"

Ralf zögert, dann antwortete er schnell:
Ralf:
„Nein, Samira hat mir alles erzählt."

Anna Balmer wendet sich an Samira.
Anna Balmer:
„Und wie ist es zu der Schlägerei gekommen?"

Samira:
„Das weiss ich nicht. Ich habe nur gesehen, wie der Mann plötzlich am Boden lag und sie auf ihn eintraten. Dann haben sie ihn aufs Gleis gekippt, und ich bin weggerannt."

Anna Balmer:
„Kennst du die Schläger?"

Samira schüttelt heftig den Kopf.
Samira:
„Nein, ich habe sie noch nie gesehen."

Anna Balmer:
„Waren sie in deinem Alter?"

Ralf mischt sich ein.
Ralf:
„Was soll die Fragerei? Sie hat gesagt, sie kennt sie nicht.

Also, gib ihr jetzt bitte das Geld und den Ausweis. Wir haben noch etwas vor."

Anna Balmer:
„Sorry, ich wollte euch nicht mit Fragen löchern. Aber das bringt wohl mein Beruf mit sich. Ich bin Journalistin."
Sie überreicht Samira den Ausweis und ihren Geldschein. Ihr entgeht nicht, in welchen Schrecken sie die beiden Jugendlichen mit ihrer Bemerkung versetzt.

Anna Balmer:
„Ich bin überzeugt, dass ihr sehr wohl wisst, wer die Schläger waren. Ihr sollt auch dies wissen: Das Opfer, ein Familienvater ist durch die feige Attacke beinahe umgekommen. Er liegt immer noch auf der Intensivstation. Vielleicht stirbt er. Wenn ihr also die Täter kennt, dann habt ihr jetzt die Gelegenheit, es mir zu sagen. Ich verspreche dir, Samira, dass ich mich notfalls für dich einsetzen werde."

Ralf reagiert heftig.
Ralf:
„Wir kennen weder die Täter noch haben wir irgendetwas getan. Also, lass uns einfach in Ruhe."
Damit dreht er sich um und zerrt Samira mit sich fort.

Anna Balmer blickt ihnen nach und sagt laut:
Anna Balmer:
„Samira hat etwas getan. Oder eben auch nicht, das ist der springende Punkt. Wegrennen wird als unterlassene Hilfeleistung gewertet.

Ich bin auf Facebook zu finden. Wenn ich bis morgen Mittag nichts von euch höre, dann gehe ich mit meiner Vermutung zur Polizei. Gleichzeitig werde ich dein Bild, das ich von deinem

Schülerausweis kopiert habe, auf der Online-Ausgabe unserer Zeitung veröffentlichen."

Ralf:
„Das darf sie gar nicht, soviel weiss ich."
Samira ist abrupt stehen geblieben. Und Ralf schreit Anna an:
Ralf:
„Du hast überhaupt nichts gegen uns in der Hand. Und nun verpiss dich endlich!"
Dann reisst er die geschockte Samira mit sich fort.

Anna blickt ihnen nach und lächelt.
Anna Balmer:
„Vergiss es. Ich werde euch solange im Nacken sitzen, bis ihr redet."

Licht aus.

Szene 7, Dienstag 19.40 Uhr

Sprecherin 2:
„Ralf begleitet Samira nach Hause. Sie setzen sich vor dem Wohnblock, wo die Familie Özal wohnt, auf eine Bank. Samira ist nicht zu beruhigen."

Samira:
„Wenn die Balmer zur Polizei geht und in ihrer Zeitung mein Bild veröffentlicht, dann sind wir alle geliefert. Ich darf mir gar nicht vorstellen, wie meine Eltern reagieren werden. Die würden mich sofort in die Türkei schicken und mich mit irgendeinem Fremden verheiraten."

Ralf:
„Jetzt bleib doch auf dem Teppich. Die blöde Schreiberin geht weder zu den Bullen noch bringt sie dein Foto. Das ist doch Quatsch. Die wittert nur eine gute Story."

Samira:
„Wir müssen es den anderen sagen."

Ralf:
„Gar nichts müssen wir den anderen sagen. Die Journalistin ist allein unsere Sache. Sie kennt ja niemanden ausser uns. Glaub mir, das ist besser so."

Samira:
„Und wenn die in der Schule aufkreuzt? Oder bei mir zu Hause? Was dann?"
Samira scheint verzweifelt zu sein.

Ralf:
„Bis morgen Mittag wird sie nichts unternehmen. Ich werde mir etwas einfallen lassen und dafür sorgen, dass sie Ruhe gibt. Überlass es einfach mir."

Samira:
„Und was willst du tun?"

Ralf:
„Keine Ahnung. Aber mir fällt schon etwas ein."

Samira richtet sich auf.
Samira:
„Du willst sie doch nicht etwa ..."

Ralf, *lachend:*
„Nein, ich tu ihr nichts. Ich werde sie nur davon überzeugen, uns in Ruhe zu lassen, weil du und ich nichts mit der Sache zu tun haben."

Samira:
„Vielleicht sollten wir trotzdem zur Polizei gehen. Vielleicht sollten wir einfach sagen, wie es war."

Ralf:
„Nein, das können wir nicht. Das geht einfach nicht. Die besten Freunde zu verraten, das ist fast so schlimm, wie jemanden tot zu prügeln."

Samira:
„Aber Elton und Chris haben uns doch in diese Lage gebracht"

Ralf:
„Trotzdem. Es war ja nicht das erste Mal, dass sie zugelangt haben."

Samira:
„Aber bisher waren es Schlägereien mit Gleichaltrigen."

Ralf:
„Sie haben auch schon einen Schwulen verprügelt und wir fanden das okay."

Samira schweigt. Ralf steckt sich eine Zigarette an.
Samira:
„Wir hätten das heute verhindern müssen."

Ralf:
„Für solche Erkenntnisse ist es jetzt zu spät."

Samira steht auf.
Samira:
„Es ist schon acht Uhr. Ich muss nach Hause. Sonst stellen die Eltern Fragen."

Ralf:
„Okay, dann schlaf gut."
Er drückt sie an sich.

Samira:
„Ich werde es versuchen."

Sprecherin 2:
„Sie küssen sich flüchtig auf die Wange. Mehr liegt nicht

drin. Samira ist ein Türkenmädchen mit traditionell orientierten Eltern.

Zuhause stellt niemand Fragen. Die Eltern sitzen vor dem Fernseher und schauen sich eine türkische Serie an. Samira putzt sich die Zähne und schlüpft ins Bett.
Sie liegt da und starrt an die Decke. Da hört sie, dass ihr Handy eine SMS empfangen hat. Es ist Lexi, die ihr geschrieben hat:"

Leinwand:
(Lexi)
alles klar bei dir? mir geht es schlecht. scheisse, was heute lief, hdg

(Samira schreibt zurück:)
voll scheisse. was geht jetzt?

(Die Antwort kommt prompt:)
ich mache schluss mit chris. er ist ein arsch.

(Samira überlegt kurz, dann schreibt sie:)
c + e sollten zur polizei gehen
(Nach ein paar Sekunden ist die Antwort da:)
sind zu feige

(Samira:)
würdest du es machen?

(Lexi:)
Ja

(Samira:)
würdest du sie auch verpfeifen?

(Es dauert etwas länger, bis die Antwort kommt:)
nein, nur unter folter

Sprecherin 2:
„Typisch Lexi. Sie glaubt, dass die Polizei Leute foltert. Das gibt es vielleicht in der Türkei, aber doch nicht hier. Sie überlegt, ob sie Lexi von Anna Balmer berichten soll. Aber sie lässt es bleiben. Stattdessen schreibt sie:"

Leinwand:
(Samira:)
wir halten zusammen, was auch passiert. schlaf gut.
ja, hdg

Sprecherin 2:
„Erst nach elf Uhr fällt Samira in einen unruhigen Schlaf. Immer wieder tauchen in ihrem Traum die Bilder vom Bahnhof Stadelhofen auf. Einmal fehlen dem verletzten Mann die Beine, einmal der Kopf. Mitten in der Nacht wacht Samira schweissgebadet auf. Sie kann gerade noch rechtzeitig die Toilette erreichen, bevor sie sich übergeben muss. Danach hat sie pochende Kopfschmerzen, und es dauert fast eine Stunde, bis sie wieder einschlafen kann."

Licht aus.

Pause

2. Akt: Mittwoch

Szene 8: Mittwoch, 06.30 Uhr

Sprecherin 3:
„Als am Morgen der Wecker losgeht, fühlt Samira sich mehr tot als lebendig. Mit einem Schlag sind die Ereignisse des Vortags wieder präsent. Samira spürt schwere Steine im Bauch, als sie sich über die Bettkante auf die Beine quält."

Sprecherin 4:
„Auch Anna Balmer hat eine schlechte Nacht gehabt. Plötzlich hat sie es mit der Angst zu tun bekommen. Sie hat den beiden Jugendlichen gedroht. Wenn diese tatsächlich mit der Attacke zu tun hatten, dann ist sie damit eine Gefahr für diese Leute und es ist auch nicht auszuschliessen, dass man sie zum Schweigen bringen würde. Heutzutage muss man mit allem rechnen."

Sprecherin 3:
„Etwas besser geht es Ralf, obschon die Steine im Bauch immer noch da sind. Er hat Gewissensbisse wegen des Mannes, versucht aber, seine Gefühle einfach zu ignorieren. Er schlurft zum PC hinüber und startet das Internet. Auf allen Online-Info-Portalen ist die Attacke auf der Titelseite. Das wird Elton und Chris freuen. Er hat am späten Abend mit beiden verschiedene SMS ausgetauscht. Dabei hat sich gezeigt, dass sie ihre Tat nach wie vor cool finden. Ralf findet das zwar krank, aber er traut sich nicht, sie mit seiner Meinung zu konfrontieren."

Sprecherin 4:
„Samira empfindet den Weg zur Schule wie einen Spiessrutenlauf. An jedem Kiosk muss sie die fetten Schlagzeilen lesen: Jugendliche schlagen Familienvater halb tot.

Teenager verprügeln Passagier in Stadelhofen. Und in der Gratis-Pendlerzeitung ist zu lesen:"

Sprecherin 3:
„Zwei jugendliche Schläger haben gestern Abend auf dem Bahnsteig 1 am Bahnhof Stadelhofen einen Mann attackiert und zusammengeschlagen. Als er bereits am Boden lag, haben sie, laut Augenzeugen, weiter auf den Mann eingetreten und ihn schliesslich auf die Gleise gekippt. Es ist nur der Geistesgegenwart anderer Passagiere zu verdanken, dass der Mann im letzten Augenblick vor der einfahrenden S-Bahn gerettet werden konnte. Die Täter sind zusammen mit einer Gruppe Jugendlicher geflüchtet. Die Polizei sucht nach zwei jungen Männern im Alter von etwa 15-18 Jahren ..."

Sprecherin 4:
„Die nachfolgende Beschreibung passt auf Tausende von Jugendlichen. Samira kann weder Elton noch Chris erkennen. Erstaunt stellt sie fest, dass sie dies eher bedrückt anstatt erleichtert. Sie registriert, dass am Schluss des Artikels die Telefonnummer der Stadtpolizei abgedruckt ist.

Samira erreicht das Schulzimmer mit dem Läuten. Sie setzt sich an ihren Platz neben Lexi. Frau Spielmann ist bereits im Zimmer. Sie verteilt gerade die Kopien der Matheprobe. Die hatte Samira völlig vergessen. Lexi will etwas zu ihr sagen, aber Frau Spielmann weist sie zurecht."

Frau Spielmann:
„Es wird nicht mehr geredet. Alexandra und Samira, ich werde euch im Auge behalten."

Samira schaut sich verstohlen um. Ralf sitzt alleine an seinem Pult und nickt ihr mit ernster Miene zu. Elton und Chris in der hintersten Reihe scheinen gut gelaunt und albern herum, als sei nichts geschehen.

Chris:
„Hör auf damit! Gib mir mein Lineal!"

Elton:
„Nimm es dir doch, wenn du kannst."

Frau Spielmann:
„Schluss jetzt mit dem Blödsinn! Wenn ihr nicht sofort aufhört, schreibe ich euch eine Eins."

Elton, *halblaut:*
„Das ist mir doch scheissegal. Hier hast du deine Messlatte, Streber."

Frau Spielmann, *während sie die Blätter austeilt:*
„Ihr habt genau 30 Minuten Zeit, diese 10 Aufgaben zu lösen..."

Sprecherin 4:
„Samira kann sich nicht konzentrieren. Sie versteht die Fragen nicht und hat keine Ahnung mehr, was sie in den letzten Tagen durchgenommen haben. In ihrem Kopf kreisen ganz andere Gedanken. Lexi stösst sie mit dem Ellbogen an. Aber diesmal hat Samira ihr nichts zu bieten. Es gibt nichts abzuschreiben. Samira versaut die Prüfung völlig."

Sprecherin 3:
„Auch Ralf hat Mühe, sich zu konzentrieren. Er dreht nur kurz seinen Kopf nach hinten, um zu sehen, wie es Elton und Chris ergeht. Aber die kommen offenbar klar. Äusserlich unbewegt, schreiben sie ihren Test."

Sprecherin 4:
„In der ersten kurzen Pause müssen sie das Zimmer wechseln. Um rechtzeitig vor Ort zu sein, ist Eile angesagt. Trotzdem stehen sie im Korridor kurz zusammen."

Elton:
„Habt ihr gesehen? Wir sind auf allen Titelseiten?"

Chris:
„Wir sind das Phantom von Zürich. Sie haben keine Ahnung."

Lexi:
„Ich finde das eher beängstigend, dass wir so viel Staub aufwirbeln."

Elton:
„Im Gegenteil: Ich finde das affengeil."

Ralf:
„Wir müssen los. Sonst kommen wir zu spät in die nächste Stunde."

Chris:
„Wir sehen uns in der grossen Pause bei der Raucherecke."

Sie setzen sich in Bewegung. Licht aus.

Szene 9: Mittwoch, 09.00 Uhr

Sprecherin 3:
„Anna Balmer tritt ins Medienzimmer der Stadtpolizei. Die Ermittler haben für neun Uhr zur Pressekonferenz geladen. Zahlreiche Medienschaffende haben sich eingefunden. Der Fall lockt Journalisten und Fernsehteams aus der ganzen Schweiz und sogar aus dem Süddeutschen an. Sie setzt sich und wartet ab. Kommissar Holzer beginnt pünktlich."

Kommissar Holzer *(räuspert sich):*
„Guten Morgen meine Damen und Herren. Im Zusammenhang mit den gestrigen Ereignissen am Bahnhof Stadelhofen müssen wir leider sagen, dass wir bezüglich der Täterschaft nach wie vor im Dunkeln tappen. Zeugen berichten übereinstimmend von zwei Jugendlichen männlichen Geschlechts, die auf das Opfer eingeschlagen hätten. Die Personenbeschreibungen sind aber so vage, dass sie auf fast alle jungen Männer in diesem Alter zutreffen könnten. Wir rufen daher die Bevölkerung, insbesondere Jugendliche, die etwas wissen könnten, auf, sich bei uns zu melden. Natürlich garantieren wir entsprechende Diskretion."

Anna Balmer hat die Hand hochgestreckt
Karin Scheurer:
„Ja? Sie bitte. Stellen Sie Ihre Frage."

Anna Balmer:
„Wer ist denn eigentlich das Opfer? Und wie geht es ihm?"

Kommissar Holzer:
„Das Opfer schwebt noch immer in Lebensgefahr. Es handelt sich um einen 46-jährigen Horst Steiner, wohnhaft in der Stadt Zürich, Ehemann und Vater zweier Kinder, die etwa im Alter der Täterschaft sind. Ich darf Ihnen das sagen, weil es der ausdrückliche Wunsch der Familie war, dem Opfer ein Gesicht zu geben. Ich bitte Sie allerdings, auch im Namen der Familie, diese leidgeprüften Menschen jetzt nicht zu belagern und mit Fragen zu belästigen. Sie können Ihnen nämlich im Moment auch nicht mehr zu diesem Verbrechen sagen."

Anna Balmer:
„Könnte es möglicherweise eine Beziehung zwischen Opfer und Täter geben? Wenn Herr Steiner zum Beispiel Lehrer ist, oder beim Jugendgericht arbeitet?"

Kommissar Holzer:
„Das glauben wir eher weniger. Herr Steiner ist Bankangestellter. Aber ganz ausschliessen können wir dies natürlich nicht."

Karin Scheurer:
Es könnte sich möglicherweise um Schüler handeln. Dafür spricht auch die Tatzeit. Um diese Zeit ist vielerorts in der Stadt die Schule aus. Für diesen Fall besteht die Hoffnung, dass Mitschülerinnen und Mitschüler direkt oder indirekt davon erfahren und uns kontaktieren."

Anna Balmer:
„Wird eine Belohnung ausgesetzt für Hinweise, die zur Ergreifung der Täterschaft führen?"

Kommissar Holzer:

„Das werden wir diskutieren, sollten sich in den nächsten Tagen keine konkreten Spuren ergeben. Ich lege Ihnen hier meine Visitenkarte auf. Kontaktieren Sie mich, wenn Ihnen etwas zu Ohren kommen sollte. Und sorgen Sie in den Medien für etwas Wirbel, sprechen Sie die Täter direkt an. Die sollen es ruhig mit der Angst zu tun bekommen."

Sprecherin 3:

„Damit schliesst er die Medienkonferenz. Anna Balmer greift sich eine der Visitenkarten und macht sich auf zur Strassenbahn-Haltestelle. Sie will dem Schulhaus Stettbach einen Besuch abstatten."

Licht aus.

Szene 10: Mittwoch, 10.00 Uhr

Sprecherin 4:
„In der grossen Pause trifft sich die Clique in einer Nische des Pausenhofs. Elton und Chris sind ganz aufgekratzt."

Samira *(an Elton und Chris gewandt):*
„Habt ihr eigentlich noch nie an das Opfer gedacht? Dass es vielleicht sterben oder sein Leben lang eine Behinderung davontragen könnte?"

Chris:
„Das ist mir egal. Ich kenne ihn ja nicht. Und im Übrigen ist er bestimmt so ein Bankerarsch, der jedes Jahr seinen Bonus abkassiert."

Lexi:
„Vielleicht hat er Kinder? Und wie fühlt sich seine Freundin oder seine Frau?"

Elton:
„Was ist mit euch los, Mann. Macht ihr jetzt auf Mutter Teresa oder was?"

Samira:
„Ich finde es total Scheisse, was ihr gemacht habt."

Elton macht grosse Augen, dann erwidert er:
Elton:
„Interessiert es mich, was du findest?"

Lexi schaut Chris an. Er senkt seinen Blick und sagt:

Chris:
„Wir waren uns einig, dass wir uns einen vornehmen."

Lexi:
„Aber doch nicht so. Vereinbart war, rempeln, umhauen und dann nichts wie weg. Aber doch nicht, ihn halb tot zu treten."

Samira:
„Da mach ich nicht mehr mit."

Chris, *grinsend:*
„Typisch Frauen, kriegen gleich feuchte Augen, wenn es mal zur Sache geht."

Lexi stösst ihn vor die Brust und schreit:
Lexi:
„Du bist so ein blödes Arschloch! Es ist aus zwischen uns."

Dann geht sie weg. Chris will ihr nach, aber Elton hält ihn zurück:
Elton:
„Lass sie ruhig gehen. Die wird schon wieder antanzen. Was will die kleine Schlampe ohne dich anfangen?"

Samira schüttelt den Kopf und folgt Lexi.

Chris:
„Und was ist, wenn die uns verpetzen?"

Elton:
„Die werden ihre Fresse halten, dafür werde ich sorgen."

Ralf ergreift erstmals das Wort.
Ralf:
„Bleibt cool. Ich nehme das in die Hand. Ich werde mit den Mädchen reden. Sie werden euch nicht verraten, das garantiere ich euch."

Chris und Elton schauen ihn misstrauisch an. Ralf lacht.

Ralf:
„Easy, hombres, ich hab sie im Griff".
Sie lachen und schlagen gegenseitig ein.

In diesem Moment sieht Ralf Anna auf der gegenüber liegenden Strassenseite stehen.

Sprecherin 3:
„Anna Balmer hat alles beobachtet. Mit einer digitalen Kamera hat sie die Gruppe und die einzelnen Leute fotografiert. Anna Balmer ist ganz aufgewühlt. Sie ist sich nun absolut sicher, dass die Clique die Täter sind oder zumindest mit der Attacke auf Horst Steiner zu tun haben. Sie richtet die Kamera auf Ralf und wartet, bis die Automatik die Schärfe eingestellt hat. Da bemerkt sie, dass Ralf geradewegs in ihre Linse blickt. Er überquert die Strasse und kommt schnellen Schrittes direkt auf sie zu."

Ralf *(aufgebracht)*
„Was machst du hier? Warum lässt du uns nicht in Ruhe?"

Anna Balmer:
„Waren es die beiden anderen oder habt ihr ihn zu dritt fertig gemacht?"

Ralf:
„Wir haben nichts damit zu tun. Warum will dir das nicht in den Kopf?"

Anna Balmer:
„Weil mein Kopf sich weigert, eure Lügen zu akzeptieren. Ein Mensch kämpft um sein Leben, und ihr treibt eure Spielchen."

Ralf:
„Wir waren es nicht."

Anna Balmer:
„Dann wisst ihr zumindest, wer es gewesen ist. Wie gesagt, heute Nachmittag werde ich zur Polizei gehen und eure Namen nennen."

Ralf:
„Mach keinen Scheiss! Ich werde heute Nachmittag zu dir kommen und dir alles berichten, was ich gesehen habe. Aber lass Samira aus dem Spiel. Die weiss gar nichts."

Anna Balmer:
„Aha, du warst also doch dort. Du hast mich angelogen."

Ralf:
„Es ist nicht so wie du denkst."

Anna Balmer:
„Okay, halb Zwei beim Bahnhof Stettbach. Ich hole dich mit dem Auto ab."

Sie geht davon und lässt Ralf stehen. Licht aus.

Szene 11: Mittwoch, 11.00 Uhr

Sprecherin 3:
„Ralf nimmt Samira in der letzten Pause am Morgen zur Seite. Er macht sich Sorgen wegen Annas Ultimatum. Und was ist, wenn Samira Lexi ins Vertrauen gezogen und sich beide gemeinsam entschlossen haben, Anna Balmer alles zu erzählen?"

Ralf:
„Wegen der Journalistin brauchst du dir keine Gedanken zu machen. Ich habe mich mit ihr verabredet und werde ihr noch einmal klar machen, dass wir beide nichts mit der Sache zu tun haben. Und das ist ja eigentlich auch die Wahrheit. Wir haben bei der Schlägerei nicht mitgeholfen. Damit sie Ruhe gibt, werde ich ihr einen Tipp geben, der sie in eine ganz andere Richtung und von uns weg führt."

Samira:
„Meinst du, das klappt wirklich? Sollten wir nicht besser einfach zugeben, dass wir dabei waren, aber nichts getan haben?"

Ralf:
„Das ist es ja. Wir haben nichts getan, aber wir haben es zugelassen. Darum hängen wir genauso mit drin. Nein, Samira, das dürfen wir auf gar keinen Fall. Chris wie Elton würden aussagen, ich hätte auch zugeschlagen. Vielleicht würden sie mir sogar die Hauptschuld in die Schuhe schieben. Was habe ich dann für eine Chance, da heil raus zu kommen?"

Samira: (verzweifelt)
„Lexi und ich würden doch für dich aussagen."

Ralf:
„Lass es mich bitte versuchen. Ich verspreche Dir, dass dein Bild nicht in der Zeitung erscheinen wird."

Licht aus

Szene 12: Mittwoch, 13.30 Uhr

Sprecherin 4:
„Nur nach langem Hin und Her hat die Redakteurin Anna Balmer einen Kleinwagen der hauseigenen Flotte überlassen. Anna hat von wichtigen Recherchen im Zusammenhang mit der Stadelhofen-Attacke ausserhalb der Stadt gesprochen. Tanja Schreiber hat natürlich mehr wissen wollen, aber Anna hat sie mit der Aussicht auf eine wichtige Zeugenaussage abgespeist.

Ralf wartet bereits bei der Endstation der Strassenbahn in Stettbach. Anna Balmer hält am Strassenrand an, und er steigt auf der Beifahrerseite ein. Danach fährt sie ins nahe gelegene Parkhaus Stettbacherhof und stellt den Wagen in eine Lücke."

Anna Balmer:
„Ich bin ganz Ohr."

Ralf:
„Ich sage dir jetzt noch einmal klar und deutlich, dass Samira und ich nichts mit der Sache in Stadelhofen zu tun hatten. Samira hat, wie ich auch, die Attacke gesehen und ist deshalb im Schock weggelaufen. Du darfst ihr Foto nicht veröffentlichen. Ich weiss, dass das eine Verletzung der Persönlichkeitsrechte wäre und du dich damit strafbar machen würdest. Du riskierst damit deinen Job. Und wenn du es trotzdem machst, dann bist du dafür verantwortlich, wenn die Eltern Samira in die Türkei zurückschicken und dort mit irgendeinem Fremden verheiraten. Aber ich schwöre dir, wenn das passiert, dann bring ich dich um."

Anna Balmer, *(schmunzelnd)*
„Du liebst sie, nicht wahr?"
Er nickt nur.
Anna Balmer startete den Motor und sagt:
Anna Balmer:
„Ich möchte dir etwas zeigen."

Sprecherin 4:
„Sie fahren durch Schwammendingen Richtung Stadtzentrum. Ralf ist verunsichert. Wohin bringt sie ihn? Soll er an der nächsten Ampel aussteigen und das Weite suchen? Dann aber hat er sie erst recht am Hals. Also bleibt er sitzen. Als sie den Wagen vor der Universitätsklinik parkt, dämmert es Ralf, wohin der Ausflug führen soll."

Er versucht zu protestieren, aber sie schneidet ihm das Wort ab.
Ralf:
„Das kannst du nicht machen. Ich will ich auf keinen Fall..."

Anna Balmer:
„Du hast die Wahl. Entweder die Polizei oder das Opfer. Hier hast du meine Kamera. Du bist jetzt mein Praktikant. Also, was ist?"

Sprecherin 4:
„Er hat die junge Frau unterschätzt. Zerknirscht nimmt Ralf die Kamera, die sie ihm entgegenstreckt, an sich und geht an ihrer Seite hinüber zum Haupteingang. Die Steine in seinem Bauch beginnen zu mahlen."

Licht aus.

Szene 13: Mittwoch, 14.10 Uhr

Sprecherin 3:
„Die Dame an der „Information" gibt ihnen Station und Zimmernummer von Horst Steiner bekannt. Er ist also nicht mehr auf der Intensivstation. Mit dem Aufzug fahren sie schweigend in den vierten Stock. Über dem Zimmer mit der Nummer 423 leuchtet ein rotes Lämpchen. Kein Zutritt für Besucher. Vielleicht ist gerade Arztvisite oder dem Patient werden neue Verbände angelegt. Anna Balmer erkundigt sich bei der Stationsschwester."

Anna Balmer:
„Schwester, entschuldigen Sie, darf ich sie etwas fragen?"

Schwester Inge:
„Ja natürlich, was möchten Sie denn wissen?"

Anna Balmer:
„Wir möchten Herrn Steiner besuchen. Bei seinem Zimmer leuchtet aber die rote Lampe. Jetzt wollte ich fragen, ..."

Schwester Inge: *(fällt ihr ins Wort)*
„Es tut mir leid. Herr Steiner darf, ausser seinen engsten Angehörigen, keinen Besuch empfangen. Ich muss Sie also bitten zu gehen."

Anna Balmer:
„Wir sind von der Presse und möchten nur ganz kurz ..."

Schwester Inge:
„Ich sehe, dass Sie von der Presse sind. Wir haben ausdrück-

liche Anordnung, niemanden zu Herrn Steiner zu lassen."

In diesem Augenblick tritt von hinten ein junger Mann an das Grüppchen heran.
Sven:
„Hey Ralfie, was machst du denn hier?"

Sprecherin 4:
„Ralf dreht sich erschrocken um und erkennt Sven, mit dem er zusammen bei den Junioren D des FC Unterstrass gespielt hat."

Sven:
„Arbeitest du jetzt bei der Zeitung?"
Ralf sind die Worte im Hals stecken geblieben.

Ralf, *stotternd:*
„Ja, das heisst, ich mache ein Praktikum als Fotograf."

Sven:
„Seid ihr wegen meinem Vater da?"

Anna Balmer:
„Ja, wir wollten ihn ganz kurz sprechen, Anna Balmer ist mein Name."

Sven: *(traurig)*
„Das geht leider nicht. Es geht ihm sehr schlecht, er ist nicht ansprechbar. Aber *ich* kann euch Auskunft geben. Denn die Familie hat vereinbart, dass wir Papas Tragödie öffentlich machen wollen."

Anna Balmer:
„Gibt es etwas, was die Öffentlichkeit noch nicht weiss?"

Sven:
„Papa konnte sich bis jetzt nicht äussern. Aber die Ärzte sagen, wir müssten damit rechnen, dass er bleibende Hirnschäden davonträgt, weil ihm die Täter an den Kopf getreten haben."

Anna Balmer:
„Und wie ist das für euch, die Familie? Was empfindet ihr, angesichts dieses abscheulichen Verbrechens?"

Sven:
„Ich möchte, dass die Leute, die das getan haben, meinen Vater jetzt ansehen müssen. Meine Hoffnung ist es, dass die Täter geschnappt und aus dem Verkehr gezogen werden, damit sie keinem anderen Menschen und keiner anderen Familie etwas Derartiges mehr antun können."

Anna Balmer:
„Danke für das Statement. Dürfen wir ein Bild von dir machen?"

Sven:
„Klar."
Sven schaut Ralf an, der einfach dasteht.

Anna Balmer:
„Worauf wartest du?"

Ralf nimmt die Kamera hoch. Seine Hände zitterten, als er Sven ins Bild nimmt. Er drückt wortlos zwei-, dreimal ab.

Anna Balmer:
„Vielen Dank für die Auskunft. Dann lassen wir dich jetzt zu deinem Vater gehen. Deine Familie braucht dich jetzt."

Sven:
„Okay, danke euch, aber ihr versteht, dass ich euch nicht zu ihm lassen kann."

Anna Balmer:
„Das ist doch klar. Ich wünsche dir und vor allem deinem Vater alles Gute."
Sie drückt seine Hand.
Anna Balmer:
„Tschüss, Sven."

Ralf lächelt gequält, als sich ihre Fäuste zum Abschied leicht berührten.

Sven:
„Melde dich mal wieder, Alter, falls du noch Zeit hast bei deinem Job. Wir haben uns lange nicht gesehen."

Ralf:
„Mach ich."

Sie gehen schweigend hinüber zum Aufzug.

Licht aus

Szene 14: Mittwoch, 14.30 Uhr

Draussen beim Auto.
Anna Balmer:
„Woher kennst du ihn?"

Ralf: *(trotzig)*
„Wir haben zusammen Fussball gespielt."

Anna Balmer:
„Und warum macht dir diese Begegnung so zu schaffen?"

Ralf: *(lauter als notwendig)*
„Na hör mal, er ist mein Kumpel, und sein Vater ist das Opfer. Reicht das nicht?"

Anna Balmer:
„Es ist etwas anderes, wenn man das Opfer oder seine Familie persönlich kennt, nicht? Dann kann man nicht so tun, als sei einem alles scheissegal. Willst du mir jetzt erzählen, was gestern abgelaufen ist?"

Ralf wird wütend.
Ralf:
„Lass mich endlich in Ruhe! Ich habe ihm nichts getan."

Anna Balmer:
„Es ist doch offensichtlich, dass dir die Sache schwer wie ein Stein im Magen liegt. Erleichtere endlich dein Gewissen."
(Nach einer Pause):
„Ich zahle dir und Samira 500 Franken, wenn ihr mir die Geschichte erzählt. Danach aber gehst du zur Polizei. Hier ist die

Karte des Kommissars, der sich mit dem Fall beschäftigt."

Ralf zögert, dann steckt er die Karte ein, sagt aber kein Wort.

Anna Balmer:
„Und, was nun?"

Er würdigte sie keines Blickes und geht wortlos davon.

Anna Balmer:
„He komm schon, ich bring dich nach Hause."

Ralf: *(blickt zurück, ohne anzuhalten)*
„Danke. Bei der Wahl, die mir bleibt, nehme ich lieber die Strassenbahn."

Licht aus.

Szene 15: Mittwoch, 15.00 Uhr

Sprecherin 3:
„Ralf hat eine Entscheidung getroffen.
Er begibt sich auf direktem Weg zum Freizeitzentrum, wo sich die Clique normalerweise am Mittwochnachmittag trifft. Chris und Elton sind da. Lexi und Samira aber sind nirgends zu sehen."

Ralf:
„Hallo. Wo sind denn die Girls?"

Elton:
„Die Frauen haben die Hosen voll. Sie haben sich wohl zu Hause verkrochen. Aber das hat man davon, wenn man Weiber in die Gang aufnimmt."

Sprecherin 3:
„Das ist auf Chris und Ralf gemünzt, die ihre Freundinnen unbedingt dabei haben wollten. Beide schweigen.
Chris und Elton sind mit einem Flipperkasten beschäftigt, andere Jungs spielen Tischfussball. Tote Hose, wie immer.
Ralf zieht sich auf die Sitzgruppe zurück und schreibt Samira eine SMS:"

Leinwand:
(Ralf)
alles gut gelaufen. du bist raus. Ich regle das. ly

Sie schreibt nach wenigen Sekunden zurück.
(Samira:)
und wie?

(Ralf:)
in eurem sinn. gruss an lexi

(Samira scheint nicht zu verstehen:)
???
(Ralf:)
!!!

Sprecherin 3:
„Dann schaltet er sein Handy aus.
Von der Sitzgruppe aus beobachtet er das Geschehen. Chris und Elton hängen am Flipperkasten herum. Ein Mädchen setzt sich zu Ralf. Die hat ihm gerade noch gefehlt. Die Kleine hat es schon lange auf ihn abgesehen. Aber er kennt nicht einmal den Namen der aufgedonnerten Frühreifen. Er weiss nur, dass sie eine Klasse unter ihm in die Schule geht."

Mädchen:
„Bist du allein? Wo ist Samira?"

Ralf:
„Die kommt schon noch."

Mädchen:
„Wir könnten ja solange ein bisschen Spass haben."

Ralf:
„Wie meinst du das?"

Mädchen:
„Ein bisschen kuscheln, nichts weiter."

Ralf: *(wütend)*
„Hey, für wen hältst du mich? Glaubst du, du kannst mich so einfach schnell mal Samira ausspannen, weil sie gerade nicht hier ist?"

Mädchen: *(keck)*
„Du darfst mich anfassen. Das erlaubt Samira nicht."

Er schüttelt den Kopf und sagt so laut, dass sich alle nach ihnen umschauen:
Ralf:
„Vergiss es, du Schlampe!"

Sie steht auf, zeigt ihm den Stinkefinger und stöckelte auf ihren viel zu hohen Absätzen davon. Beim Vorbeigehen tätschelt sie demonstrativ Eltons Hintern und schaut abschätzig zu Ralf hinüber.

Elton *lacht: (zu Ralf)*
„Hey, Mann, was ist schon dabei? Sie ist doch eine geile Tussi."

Ralf schweigt und lehnt sich zurück. Er tut so, als würde er ein Nickerchen machen.

Die Jungs vom Tischfussball rufen Elton und Chris zu:
Junge:
„Kommt ihr auch raus? Timo dreht einen Joint."

Chris:
„Wir sind dabei." *(zu Ralf)* „Kommst du mit?"
Ralf stellt sich schlafend.

Elton:
„Lass ihn, der ist doch schon völlig verladen."
Lachend verlassen sie den Raum.

Sprecherin 3:
„Da entdeckt Ralf, dass Elton sein Handy auf dem Flipperkasten hat liegen lassen. Er wartet ab, bis die Gruppe verschwunden ist, dann steht er auf und nimmt das Handy unbemerkt an sich. Danach verzieht er sich auf die Toilette und schliesst sich in einer Kabine ein. Ralf setzt sich auf den Toilettendeckel und sucht in seiner Jeanstasche nach der Visitenkarte des Polizisten. Das Handy ist an. Ohne ein Problem öffnet er die SMS-Eingabe und tippt mit flinken Fingern die direkte Nummer von Kommissar Holzer ein.
Dann schreibt er:"

Leinwand:
Ich bin elton. habe mit chris den mann am bhf stadelhofen geboxt.
(drückt auf „senden")

Sprecherin 3:
„Ralf reinigt das Handy, spült, verlässt die Kabine, wäscht sich die Hände und begibt sich wieder in den Spielraum. Niemand ist da. Unbemerkt legt er das Telefon wieder auf den Flipperkasten, verzieht sich in seine Sofaecke und tut weiter so, als ob er schlafe."

(Ralf sehen wir nur das Handy nehmen, hinausgehen und wieder hereinkommen.)

Licht aus.

Szene 16: Mittwoch, nach 16.00 Uhr

Sprecherin 4:
„Als Chris und Elton mit leuchtenden Augen zurückkommen, begeben sie sich gleich wieder zum Flipperkasten und spielen weiter. Offenbar hat Elton gar nicht bemerkt, dass er sein Handy hat liegen lassen. Irgendeinmal steckt er es zwischen zwei Kugeln ganz selbstverständlich in die Hosentasche. Ralf registriert das mit einer gewissen Erleichterung."

Sprecherin 3:
„Kommissar Holzer hört das Signal, dass er eine SMS erhalten hat. Da er aber gerade in einer Teambesprechung ist, ignoriert er es. Nach der Sitzung hat er die SMS vergessen. Erst kurz vor Feierabend erinnert er sich daran.
Erstaunt liest er die Mitteilung.
Ich bin Elton. Habe mit Chris den Mann am Bahnhof Stadelhofen geboxt.

Wer sind Elton und Chris? Wann ist die SMS abgeschickt worden? Sie ist um 16.14 Uhr gesendet worden. Jetzt ist 18.20 Uhr. Es sind über zwei Stunden vergangen. Kommissar Holzer ärgert sich. Er greift zum Tischtelefon und ruft den technischen Dienst an."

Kommissar Holzer:
„Holzer hier. Ich brauche jemanden, der feststellen kann, wem eine bestimmte Handynummer gehört."

Stimme am anderen Ende:
„Kann das nicht warten, bis morgen? Bei den Telekommunikationsgesellschaften ist Feierabend."

Kommisssar Holzer *(genervt)*
„Nein, das kann nicht warten. Ich gebe Ihnen jetzt die Nummer bekannt. Haben sie etwas zum Schreiben?"

Sprecherin 4:
„Anna Balmer sitzt in der Redaktion und denkt nach. Würden Ralf und Samira auf ihr Angebot eingehen? Würden sie ihre Freunde verkaufen? Muss sie die Lokalredakteurin einweihen? Vielleicht würde sie ja die Prämie für die beiden Jugendlichen sogar noch erhöhen! Oder würde sie Anna womöglich gleich rausschmeissen, weil sie Ralf Geld angeboten hat? Wenn sie ihre Chefin überhaupt einweihen will, dann muss sie zuerst ihren Artikel schreiben mit dem Statement von Sven Steiner. Sie sieht aber bereits die Schlagzeile und den Lead:"

Leinwand/Anna Balmer:

„Jetzt spricht der Sohn:
Ich möchte, dass die Leute, die das getan haben, meinen Vater jetzt ansehen müssen. Meine Hoffnung ist es, dass die Täter geschnappt und aus dem Verkehr gezogen werden, damit sie keinem anderen Menschen und keiner anderen Familie etwas Derartiges mehr antun können."

Kommissar Holzer hat den Namen und die Daten vor sich liegen:
Kommissar Holzer:
„Elton Scilacci, 15 Jahre alt, wohnhaft bei seinen Eltern in Zürich-Schwammendingen, eingewanderte Italiener, eingebürgert 1989. Der Junge ist bisher nicht straffällig geworden, hat aber einen Bruder, der mehrmals wegen Drogendelikten und Diebstahl vor dem Jugendrichter gestanden ist. Wer aber ist Chris?"

Karin Scheurer:
„Seltsam, dass sich dieser Elton gemeldet hat. Offenbar plagt ihn das schlechte Gewissen. Wir sollten ihn noch ein bisschen zappeln lassen. Andererseits ist auch nicht auszuschliessen, dass es sich beim Schreiber der SMS um einen Trittbrettfahrer handelt. Nicht selten bezeichnen sich irgendwelche Verrückte als Täter in Fällen, die grosse öffentliche Beachtung finden."

Kommissar Holzer:
„Oder es gibt sogar Leute, die solche ‚Scherze' überaus lustig finden.

Ich habe schon alles erlebt."

Licht aus.

2. Pause

3. Akt: Donnerstag

Szene 17: Donnerstag, 07.30 Uhr

Sprecherin 5:
„Samira hat auch nachts mehrmals versucht, Ralf zu erreichen. Er hat aber ihre Anrufe ignoriert und sein Handy einfach ausgeschaltet. Sie hat kaum geschlafen und fühlt sich elend. Als sie ihn jetzt vor der Schule trifft, ist sie erbost:"

Samira:
„Warum reagierst du nicht auf meine Anrufe? Ich mache mir Sorgen."

Ralf:
„Ich weiss, aber das brauchst du nicht. Du wirst gleich sehen. Alles wird wieder gut."

Samira:
„Und wie soll ich das verstehen?"

Ralf:
„Ich werde dir alles erklären. Komm erstmal rein ins Schulzimmer."

Sprecherin 5:
„Sie setzen sich an ihre Plätze. Ralf schaut sich um. Das Pult von Elton und Chris ist leer. Er lächelt still vor sich hin, während Samira ihre Bücher und Hefte auspackt und sich leise und angeregt mit Lexi unterhält.
Doch in dem Moment, als die Glocke die Stunde einläutet, treten Elton und Chris - verschlafen wie jeden Morgen - über die Schwelle und schlurfen zu ihrem Pult in der hintersten Reihe. Sie nicken Ralf zu. Der versteht die Welt nicht mehr. Ist die

SMS nicht angekommen oder nimmt der Bulle sie nicht ernst? Inzwischen ist auch Frau Spielmann eingetreten und beginnt mit ihrer Mathestunde. Als erstes gibt sie ihnen die Matheprobe vom Vortag zurück und spart nicht mit spitzen Kommentaren. Ralf kassiert eine Dreieinhalb. Samira zeigt ihm zwei Finger, was wohl eine Zwei bedeutet. Scheisse gelaufen.

Kurz vor der Pause klopft es an die Tür. Herein treten, ohne eine Reaktion abzuwarten, ein älterer Herr in Zivil, gefolgt von zwei Polizisten in voller Montur. Dunkelblaues Kombi, Kampfstiefel und Mütze mit der Aufschrift: Police. Der ältere Herr in Zivil stellt sich vor der Klasse auf und sagt, zu Frau Spielmann gewandt:"

Kommissar Holzer:
„Guten Morgen. Verzeihen Sie die Störung. Mein Name ist Holzer. Ich bin Kommissar bei der Kripo und mit dem Fall Stadelhofen betreut. Ihr habt alle davon gehört."

Ralf schaut sich verstohlen um. Elton und Chris rutschen beide fast unters Pult
Kommissar Holzer:
„Wer von euch ist Elton Scilacci?"

Alle drehen sich nach Elton um.
Elton: *(halblaut)*
„Ich."

Der Kommissar wendet sich an Chris.
Kommissar Holzer:
„Dann bist du Chris?"

Chris:
„Ja",
antwortete der und senkt den Blick.

Kommissar Holzer:
„Ich nehme euch fest wegen des dringenden Tatverdachts, am Dienstag am Bahnhof Stadelhofen auf dem Bahnsteig 1 den wartenden Passagier Horst Steiner zusammengeschlagen und schwer verletzt zu haben."
Während er spricht, begeben sich die Polizisten in die hinterste Reihe und ziehen Elton und Chris von ihren Stühlen hoch. Dann legen sie ihnen Handschellen an und führen sie aus dem Zimmer. In der Klasse bleibt es mucksmäuschenstill.

Kommissar Holzer:
„Wer von euch war dabei oder weiss etwas darüber?"

Ralf wirft Samira und Lexi einen Blick zu und schüttelt unmerklich den Kopf.
Kommissar Holzer spricht ihn an.
Kommissar Holzer:
„Du wolltest etwas sagen?"

Ralf:
„Nein, ich bin nur geschockt."

Jeannette:
„Aber Ihr seid doch eine unzertrennliche Clique, du, Lexi, Samira, Elton und Chris. Du musst davon wissen."

Kommissar Holzer:
„Wo seid ihr denn gewesen am Dienstag zur Tatzeit?"

Ralf:
„Ich war mit Samira allein unterwegs. Wir sind durch die Shops gezogen."

Kommissar Holzer:
„Wie heisst du und wer ist Samira?"

Ralf:
„Ich heisse Ralf."
Samira hält die Hand hoch.

Kommissar Holzer:
„Stimmt das, was Ralf sagt? Seid ihr zusammen unterwegs gewesen?"

Samira:
„Ja, ich bin mit Ralf in der Stadt gewesen."

Er wendet sich an Lexi.
Kommissar Holzer:
„Und du? Ich nehme an, du bist Lexi, wo warst du an diesem Nachmittag?"

Lexi:
„Ich bin nach der Schule direkt nach Hause. Ich hatte viele Aufgaben zu erledigen."

Jeannette:
„Ich habe euch doch alle fünf zusammen weggehen sehen."

Andere Schüler:
„Halt deine Schnauze!"

„Misch dich nicht ein!"

Ralf:
„Das stimmt. Wir haben uns erst bei der Strassenbahn-Haltestelle getrennt. Lexi ging gleich nach Hause. Samira und ich sind mit der Strassenbahn zum Hauptbahnhof gefahren. Was Elton und Chris gemacht haben, weiss ich nicht."

Kommissar Holzer:
„Naja, ich nehme das zur Kenntnis. Wir werden es überprüfen. Vielleicht müssen wir euch für eine Aussage aufs Präsidium bestellen." *(Pause)*
„Aber wenn es so ist, wie ihr gesagt habt, dann habt ihr nichts zu befürchten."

Sprecherin 5:
„Kommissar Holzer ist nicht entgangen, dass die drei Angst haben.

Er reicht der verdatterten Frau Spielmann, die wortlos mit dem Rücken zum Fenster gestanden hat, die Hand, entschuldigt sich für die Störung und wünscht allen einen guten Tag. Dann ist er weg."

Licht aus.

Szene 18: Donnerstag, 09.30 Uhr

Sprecherin 6:
„Anna Balmers Artikel JETZT SPRICHT DER SOHN hat es auf die Titelseite der Zeitung geschafft. Anna ist von ihren Kolleginnen und Kollegen beglückwünscht worden. Lokalredakteurin Tanja Schreiber ist sehr erfreut gewesen, als sie ihr den Artikel vorgelegt hat."

Tanja Schreiber: (reicht Anna die Hand)
„Wenn du so weitermachst, Anna, dann kriegst du hier bald eine feste Stelle."

Sprecherin 6:
„Ralf und Samira hat sie ihrer Chefin allerdings verschwiegen. Sie will diesen Trumpf erst im letzten Augenblick ausspielen. Aber wann ist dieser Zeitpunkt gekommen?
Es hat sich nichts getan. Ralf hat sich nicht gemeldet. Soll sie Kontakt mit ihm oder Samira aufnehmen? Sie ist unschlüssig.
Dann trifft sie eine Entscheidung. Wenn sich Ralf bis am Nachmittag nicht meldet, dann wird sie Samiras und Ralfs Bilder, die sie gestern Mittwoch auf dem Pausenhof geschossen hat, veröffentlichen. Darüber wird in grossen Lettern stehen: WAREN SIE DABEI?"

Licht aus.

Szene 19: Donnerstag, 13.30 Uhr

Sprecherin 5:
„Kommissar Holzer hat die Eltern der beiden Jungs über die Verhaftung und die Verdachtsmomente informiert. Sie sind sehr bestürzt gewesen und haben ihre Sprösslinge sofort sehen wollen. Er hat sie auf später vertröstet, da er die Verhafteten befragen will, bevor sie mit irgendjemandem Kontakt gehabt haben.
Kommissar Holzer geht danach in aller Ruhe zum Mittagessen in die Kantine und lässt die beiden Jugendlichen in ihren Haftzellen schmoren."

Sprecherin 6:
„Nach dem Mittag lässt er sie in unterschiedliche Verhörzimmer bringen.
Währenddessen genehmigt er sich in einer Bar am Limmatquai einen Espresso. Der Kaffee im Präsidium ist ungeniessbar.
Eine halbe Stunde später ist er zurück und setzt sich zusammen mit Kriminalassistentin Karin Scheurer Elton gegenüber an den kleinen Tisch."

Er schaltet das Aufnahmegerät ein.
Kommissar Holzer:
„Erstes Verhör mit Elton Scilacci in der Sache Stadelhofen. Heute ist Donnerstag, der 26. August 2010, Uhrzeit 13.30. Anwesend sind Elton Scilacci, Kriminalassistentin Scheurer und Kommissar Holzer."

Mit durchdringendem Blick schaut er Elton an.
Kommissar Holzer:
„Warum hast du mir die SMS geschickt? Hast du ein schlech-

tes Gewissen?"

Elton scheint überrascht zu sein.
Elton:
„Was für eine SMS? Ich habe Ihnen keine SMS geschickt."

Kommissar Holzer *(zitiert):*
„Ich bin Elton. Habe mit Chris den Mann am Bahnhof Stadelhofen geboxt. Sie kam von deinem Handy. Daran besteht kein Zweifel."

Elton:
„Was soll der Scheiss? Wollen Sie mich hereinlegen oder was. Es gibt keine solche SMS."

Kommissar Holzer:
„Interessant zu hören. Dann checken wir doch mal dein Handy."
Er streckt die Hand aus.

Sprecherin 5:
„Elton klaubt sein Mobiltelefon aus der Tasche und reicht es Kommissar Holzer. Der öffnet den Ordner mit den gesendeten SMS, so dass Elton alles sehen kann."

Leinwand:
Ich bin elton. habe mit chris den mann am bhf stadelhofen geboxt.

Elton: *(schreit entnervt)*
„Irgendjemand hat mir das untergejubelt. Das habe ich nie im Leben geschrieben!"

Kommissar Holzer:
„Nur mit der Ruhe, junger Mann. Die eigentliche Frage ist die, ob du den Mann am Bahnhof Stadelhofen verprügelt hast."

Elton:
„Nein, hab ich nicht!"

Kommissar Holzer:
„Da ist dein Freund Chris aber anderer Ansicht. Dumm gelaufen."

Holzer und Scheurer stehen auf und verlassen den Raum.

Licht aus.

Szene 20: Donnerstag, 13.45 Uhr

Sprecherin 5:
„Holzer und Scheurer gehen ins Verhörzimmer gegenüber, wo Chris Wenger wartet. Nachdem Holzer das Startprozedere erledigt hat, schaut er Chris triumphierend an."

Kommissar Holzer:
„Es ist alles aufgeklärt. Elton hat gestanden. Jetzt bist du dran."

Chris: *(stammelt)*
„Das glaube ich nicht. Sie bluffen doch nur. Wir haben ja gar nichts gemacht."

Kommissar Holzer:
„Ach ja?"
Er gibt Karin Scheurer ein Zeichen. Sie legt Chris einen Ausdruck der SMS vor.

Kommissar Holzer:
„Das habe ich gestern von Elton erhalten. Er wollte sein Gewissen beruhigen."

Chris braucht einige Sekunden, um sich zu fassen. Dann sagt er:
Chris:
„*Er* war es ja schliesslich auch, der zugeschlagen hat. Ich wollte ihn davon abhalten, aber Elton ist total ausgerastet. Er hat ihn übel zugerichtet."

Holzer und Scheurer werfen sich einen vielsagenden Blick zu.

Karin Scheurer:
„Du hast also nicht auf Herrn Steiner eingedroschen?"

Chris:
„Nein, hab ich nicht. Es war Elton, und ich konnte nichts tun."

Kommissar Holzer:
„Warum konntest du nichts tun?"

Chris:
„Man kann nichts tun, wenn er so ausrastet."

Karin Scheurer:
„Seid ihr allein gewesen, du und Elton? Oder waren noch andere dabei?"

Sprecherin 5:
„Chris überlegt kurz. Lexi will er auf keinen Fall mit reinziehen. Aber dann darf er auch Samira und Ralf nicht erwähnen."

Chris:
„Wir waren zu zweit."

Kommissar Holzer und Karin Scheurer scheinen zufrieden. Holzer steht auf und beugt sich mit aufgestützten Armen über den Tisch.

Kommissar Holzer:
„Und du wirst deine Aussage unterschreiben?"

Chris:
„Ja, sofort, wenn Sie wollen."

Sprecherin 5:
„Chris ist erleichtert, dass es das offenbar schon gewesen ist. Aber da irrt er sich gewaltig."

Licht aus.

Szene 21: Donnerstag, 14.15 Uhr

Sprecherin 6:
„Inzwischen überlegt Elton fieberhaft, wer ihm diese SMS untergejubelt haben könnte. Chris kommt wohl kaum in Frage, da er sich ja selber damit belastet hätte.
Ralf, Samira oder Lexi? Dafür aber hätten sie ihm ja das Handy klauen müssen.
Das hätte er bestimmt bemerkt.
Die SMS ist gestern Nachmittag abgeschickt worden. Zu der Zeit war er mit Chris im Freizeitzentrum gewesen. Sie hatten die ganze Zeit ziemlich zugedröhnt am Flipperkasten verbracht. Nur einmal hatten sie draussen einen weiteren Joint geraucht. Er erinnert sich, dass Ralf auch da gewesen war. Aber der war selber ziemlich weg gewesen, hatte sich aufs Sofa gelegt und war eingepennt.
Das Handy lag auf dem Flipperkasten, daran erinnert er sich. Er hatte es an sich genommen, als er nach Hause ging. Wann er es dort hingelegt hatte, davon hat er keinen Schimmer mehr. Wie auch, in diesem Zustand? War es am Ende doch Chris gewesen?
In diesem Moment geht die Tür auf, und sie kommen zurück. Wieder setzt der Kommissar das Aufnahmegerät in Gang."

Kommissar Holzer:
„Wir haben ein unterschriebenes Geständnis von deinem Freund Chris Wenger. Allerdings gibt er an, dass nur du allein zugeschlagen habest. Du seiest völlig ausgerastet."

Karin Scheurer legt ihm das Papier vor, unter dem Chris' Unterschrift zu erkennen ist. Während er es überfliegt, sagt sie:

Karin Scheurer:
„Er hat alles versucht, dich davon abzuhalten. Aber du warst, seiner Aussage zufolge, ausser Rand und Band."

Kommissar Holzer:
„Es sieht ganz schlecht aus für dich."

Sprecherin 6:
„Elton schnürt es die Kehle zu. Schweisstropfen bilden sich auf seiner Stirn. Also ist es doch Chris gewesen, geht ihm durch den Kopf. Chris liefert ihn den Bullen aus, um seinen eigenen Hals zu retten. Was ist Chris doch für ein mieses Arschloch. Aber so leicht wird er nicht klein beigeben."

Elton:
„Warum wohl habe ich Ihnen die SMS geschickt? Es war genau umgekehrt. *Er* allein hat den Mann verprügelt und ich wollte ihn zurückhalten. Aber wie Sie ja wissen, habe ich das nicht geschafft. Und damit kann ich nicht leben. Ich bin froh, dass Sie jetzt Bescheid wissen."

Karin Scheurer:
„Und das sollen wir nun glauben? Warum hast du es dann vorhin abgestritten?"

Elton:
„Ich hatte plötzlich Schiss, Chris würde vielleicht gar nicht in Haft genommen deswegen."

Kommissar Holzer:
„Jetzt kommen mir bald die Tränen. Und warum hast du

dann geschrieben: *Ich* habe mit Chris den Mann geboxt?"

Elton:
„Ich habe mich wohl falsch ausgedrückt. Ich wollte eigentlich nur sagen, dass ich dabei war. Sie wissen ja, Deutsch ist nicht meine Muttersprache. Ich bin Italiener."

Kommissar Holzer:
„Wie auch immer. Die Kriminaltechnik wird uns verraten, wer von euch zugeschlagen hat."

Sprecherin 6:
„Kommissar Holzer und Karin Scheurer schauen sich erstaunt an. Das ist ja ein Ding, jetzt haben sie gleichzeitig zwei Schläger und zwei Unschuldige."

Licht aus.

Szene 22: Donnerstag, 14.30 Uhr

Sprecherin 5:
„Ralf, Samira und Lexi haben es vermieden, sich in der grossen Pause zu treffen. Sie mischen sich bewusst unter die Mitschülerinnen und Mitschüler, um den Vorwurf, sie seien eine unzertrennliche Clique, nicht zu bestätigen. Die Verhaftung ist *das* Thema in der Schule. Einige schimpfen über die Bullen, andere kontern, das sei ja absehbar gewesen, dass Elton und Chris eines Tages abgeholt würden, bei dem Scheiss, den sie dauernd machen."

Sprecherin 6:
„Lexi muss sich unbequeme Fragen und Sprüche anhören, wird als Gangsterbraut bezeichnet. Sie spielt tapfer die doofe Tussi, weiss von gar nichts und fühlt sich für einmal sogar wohl dabei.

Samira und Ralf halten sich, so gut es geht, aus den Diskussionen raus und verbreiten ansonsten ihre Version vom gemeinsamen Shopping in der City."

Sprecherin 5:
„Am Nachmittag treffen sich alle drei eine Viertelstunde vor dem Unterricht an einer Strassenbahn-Haltestelle. Die Mädchen wollen natürlich wissen, ob Ralf ihre Kollegen der Polizei verraten hat. Er hat diese heikle Frage erwartet und sich eine plausible Erklärung zurechtgelegt:"

Ralf:
„Sie haben sich selber bei der Polizei angezeigt. Sie haben wohl gedacht, es sei das Beste, oder sie haben halt doch Gewissensbisse."

Lexi:
„Das kann ich mir nicht vorstellen. Chris vielleicht, aber Elton? Niemals würde er sich selber belasten."

Samira: *(misstrauisch)*
„Woher willst du das wissen mit der Selbstanzeige? Warst du dabei?"

Ralf:
„Nein, ich war nicht dabei. Ich hab es von der Journalistin. Und die hat es von der Polizei."

Lexi: *(irritiert)*
„Welche Journalistin? Was wisst ihr, was ich nicht weiss?"

Samira:
„Ich bin in Stadelhofen beim Wegrennen ausgerechnet mit einer Journalistin zusammengestossen. Dabei habe ich meinen Ausweis und mein Geld verloren. Jetzt will sie uns erpressen, weil sie überzeugt ist, dass wir etwas wissen."

Lexi: *(entsetzt)*
„Das ist ja voll Scheisse. Dann werden die uns auch verhaften."

Ralf versucht zu beruhigen.
Ralf:
„Es ist alles okay, Lexi. Wir sind fein raus. Sie hat keinen Grund, uns weiter zu belästigen. Mit Elton und Chris sind die Täter geschnappt."

Lexi: *(aufgeregt)*
„Und was ist, wenn die beiden uns mit reinziehen? Wenn sie der Polizei sagen, wir seien dabei gewesen und hätten ebenfalls zugeschlagen? Was dann?"

Ralf:
„Wir streiten einfach ab, dass wir dabei waren. Schluss, fertig."

Lexi:
„Es gibt aber mindestens eine Zeugin. Die Journalistin hat Samira praktisch am Tatort gesehen. Zudem hast du ja zugegeben, dass du die Schlägerei beobachtet hast. Wenn nicht Chris und Elton, dann wird *sie* uns bei den Bullen verpetzen."

Ralf:
„Nein, das glaube ich nicht. Lasst Anna Balmer meine Sorge sein. Die wird uns nicht in die Pfanne hauen, das schwöre ich euch."

Samira: *(genervt)*
„Und wie willst du das anstellen? Bringst du sie um oder was?"

Ralf:
„Nein, ich werde ihr eine schöne Geschichte erzählen, damit sie uns endlich in Ruhe lässt."

Licht aus.

Szene 23: Donnerstag, 15.10 Uhr

Sprecherin 5:
„Es ist kurz nach 15.00 Uhr. Anna Balmer hat ihren Artikel verfasst. Die Lokalredakteurin wird begeistert sein. Immer wieder liest sie ihn durch und überlegt, wie viel Zeit sie Ralf und Samira noch gewähren soll. Ralf hat nichts mehr von sich hören lassen. Offenbar ist ihnen das versprochene Geld egal.
Schliesslich hebt sie seufzend den Zeigefinger und will gerade auf „Senden" drücken, als auf ihrem Computer eine E-Mail angekündigt wird.
Aufgeregt öffnet sie ihre Mailbox und stellt fest, dass sich die Polizei gemeldet hat. Hastig klickt sie die E-Mail an und liest mit grossen Augen folgenden Text:"

Leinwand:

Einladung zu Pressekonferenz
Donnerstag 17.00, Urania-Hauptwache, Medienzimmer
Information:
Der Fall Stadelhofen ist gelöst. Zwei Schüler haben die Attacke gestanden.
Urs Holzer, Kommissar

Sprecherin 6:
„Anna Balmer schlägt verzweifelt mit der Faust auf den Tisch. Damit ist ihre Story den Bach runter. Trotzdem ist sie ein bisschen erleichtert, als sie die Datei in einen Ordner mit der Bezeichnung „Bullshit" verschiebt. Dann ergreift sie ihre Tasche und macht sich viel zu früh auf den Weg zur Urania-Hauptwache.
Als sie unten auf der Strasse ist, beginnt ihr Handy zu sin-

gen. Sie nimmt den Anruf entgegen."

Anna Balmer:
„Ja?"

Ralf:
„Ich bin's Ralf. Okay, ich mache mit. Ich erzähle dir für 500 Stutz, was ich von der Sache weiss. Unter einer Bedingung: Du lässt die Mädchen raus."

Anna Balmer: *(horcht auf)*
„Die Mädchen? Welche Mädchen. Gibt es ausser Samira noch jemanden?"

Ralf:
„Ja, da war noch jemand mit uns shoppen."

Sprecherin 6:
„Annas Herz klopft laut. Fieberhaft ringt sie mit der Entscheidung, ob sie jetzt noch darauf einsteigen soll."

Anna Balmer:
„Okay, das lässt sich vielleicht machen."

Ralf:
„Kein vielleicht. Entweder oder. Die Mädchen werden nicht erwähnt."

Anna Balmer: *(nach kurzer Überlegung)*
„Einverstanden. Wo bist du?"

Licht aus.

Szene 24: Donnerstag, 16.00 Uhr

Sprecherin 5:
„Anna Balmer sitzt schon eine Viertelstunde zu früh im Medienzimmer der Urania-Hauptwache. Ralf hat ihr soeben seine Version der Ereignisse erzählt, jetzt ist sie gespannt auf diejenige der Polizei."

Kommissar Holzer: (verliest ein Communiqué)

„Die Stadtpolizei Zürich hat aufgrund einer Selbstanzeige per SMS heute Morgen im Schulhaus Stettbach zwei Schüler verhaftet. Beide Fünfzehnjährigen sind geständig, an der Attacke beteiligt gewesen zu sein. Sie beschuldigen sich jedoch gegenseitig. Das heisst, für die Schläge und Tritte, welche zu den schweren Verletzungen beim Opfer geführt haben, ist, gemäss ihren Aussagen, der Andere verantwortlich. Es ist nun Sache der Polizei, den genauen Ablauf zu klären. Weitere Personen waren, so die Verhafteten, nicht involviert."

Kommissar Holzer legt das Papier auf den Tisch und nimmt seine Brille ab.
Kommissar Holzer:
„Die Erklärung liegt beim Ausgang für Sie bereit. Wir beantworten jetzt gerne Ihre Fragen, falls solche offen sind."

Sprecherin 5:
„Alle stellen ihre Fragen gleichzeitig. Karin Scheurer mahnt die Journalisten zur Ordnung und ruft einzelne Anwesende nacheinander auf, ihre Frage zu formulieren. Von grossem Interesse scheint die Selbstanzeige per SMS zu sein."

Kommissar Holzer:
„Einer der beiden Jugendlichen hat mich von seinem Handy aus per SMS angeschrieben. Ich lese Ihnen den kurzen Text gerne vor:
Ich bin Elton. Habe mit Chris den Mann am Bahnhof Stadelhofen geboxt."

Anna Balmer:
„Können Sie uns etwas über den Gesundheitszustand des Opfers sagen?"

Karin Scheurer:
„In dieser Sache können wir keine Auskunft geben. Wir verweisen Sie aber gerne an die Pressestelle des Universitätsspitals. Nächste Frage?"

Anna Balmer:
„Welche Klasse des Schulhauses Stettbach besuchen die Verhafteten?"

Kommissar Holzer:
„Fragen, welche die Schule und die Klasse der beiden Jungs betreffen, beantworten wir aus Gründen des Persönlichkeitsschutzes nicht. Wir bitten die Medienvertreter vielmehr, die Schule in ihrer Berichterstattung möglichst diskret zu behandeln und auch auf Interviews vor Ort zu verzichten.
Es handelt sich hier um ein abscheuliches Verbrechen, das zum Glück rasch geklärt werden konnte. Ich appelliere nun an Ihre Verantwortung, dass daraus nicht ein unwürdiges Spektakel wird, dass sachlich und mit dem nötigen Respekt gegenüber der Opferfamilie, aber auch der betroffenen Schule, berichtet wird. Je grösser nämlich die Aufmerksamkeit ist, die potentiel-

le Täter mit solch brutalen Attacken bekommen, umso grösser ist die Gefahr, dass es immer wieder Nachahmer gibt. Ich danke Ihnen für das Verständnis."

Sprecherin 5:
„Kommissar Holzer macht sich keine Illusionen. Er weiss, dass er an eine Wand geredet hat. Am nächsten Morgen würde das Telefon bei der Schulleitung in Stettbach heiss klingeln, und die ersten Journalisten würden noch vor Schulbeginn auf dem Pausenhof herumstreunen."

Licht aus.

Zugabe: Freitag

Szene 25: Freitag, 09.00 Uhr

Sprecherin 6:
„Weitere Personen waren, so die Verhafteten, nicht involviert.
   Diesen Satz hatte Anna Balmer mit Genugtuung zur Kenntnis genommen. Das passt zur Geschichte, die Ralf ihr erzählt hatte und die heute Morgen als Leitartikel auf der Frontseite der Zeitung für eine ansehnliche Mehrauflage gesorgt hat. Anna Balmer ist der Star des Tages. Sie nimmt die Zeitung zur Hand und liest noch einmal, was sie geschrieben hat:"

Anna Balmer:
ZEUGE (15) PACKT AUS:
Ein Jugendlicher, dessen Name der Zeitung bekannt ist, aber nicht genannt werden möchte, war zur Tatzeit zufällig am Ort des Verbrechens. Er schildert das Erlebte so:

Ralf: *(ist hinzugetreten, eine leise, schwere Musik ist zu hören, die beiden reden im Laufe des Gesprächs immer lauter, bis sie fast schreien:)*
   „Ich war mit meiner Freundin shoppen. Wir zogen nach der Schule durch die Läden und schauten uns an, was an Klamotten angesagt ist. Danach wollten wir in Stadelhofen die S-Bahn nach Stettbach besteigen. Da sahen wir, wie die zwei Typen auf den Mann losgingen. Sie schlugen ihn brutal zu Boden und traten dann auf ihn ein. Die beiden waren völlig crazy. Sie hatten Spass daran. Das hat man richtig gesehen."

Anna Balmer:
"Warum habt ihr dem Mann nicht geholfen?"

Ralf:
„Das ging alles zu schnell. Bevor überhaupt jemand reagieren konnte, haben die ihn dann auf das Gleis gekippt und sind abgehauen."

Anna Balmer:
„Niemand hat eingegriffen?"

Ralf:
„Wie gesagt. Es blieb gar keine Zeit dazu. Als er dann auf den Schienen lag, sind sofort Leute hingerannt und haben ihn auf den Bahnsteig gezogen. Sonst wäre er überfahren worden."

Anna Balmer:
„Was haben du und deine Freundin gemacht?"

Ralf:
„Meine Freundin war so geschockt, dass sie mich einfach stehen gelassen hat und weggerannt ist. Sie ist mit der Strassenbahn nach Hause gefahren. Ich habe sie erst am Abend wieder gesehen. Sie ist immer noch völlig fertig gewesen."

Anna Balmer:
"Und du?"

Ralf:
„Ich war sehr aufgeregt. Ich hatte noch nie so etwas gesehen."

Anna Balmer:
„Aufgeregt? Du meinst, du fandest es geil?"

Ralf:
„Nein, Sie verstehen das falsch, ich fand es schrecklich."

Anna Balmer:
„Was hast du dann gemacht?"

Ralf:
„Ich bin in den Zug eingestiegen, der das Opfer beinahe überrollt hätte und bin nach Stettbach gefahren."

Anna Balmer:
„Warum hast du nicht geholfen?"

Ralf:
„Ich wollte nur weg von dort. Es waren ja genug Leute da, die sich um ihn gekümmert haben."

Anna Balmer:
„Und warum hast du nicht zuerst nach deiner Freundin gesucht?"

Ralf:
„Ich weiss es doch auch nicht. Wahrscheinlich stand ich unter Schock. Ich habe sie dann im Zug angerufen."

Anna Balmer:
„Habt ihr die Täter gekannt?"

Ralf:
„Ja, es waren zwei Jungs aus unserer Gegend."

Anna Balmer:
„Warum habt ihr euch nicht bei der Polizei gemeldet?"

Ralf:
„Wir kennen sie nicht näher. Und wir wollten keinen Ärger."

Anna Balmer:
„Wie sollen wir das verstehen?"

Ralf:
„Wir sind doch nicht lebensmüde."

Anna Balmer:
„Willst du damit sagen, dass ihr euch vor ihrer Rache gefürchtet hättet?"

Ralf:
„Was glauben Sie denn? Sie wissen doch bei der Zeitung am besten, was läuft. Ihr berichtet doch täglich von Messerstechereien, Schiessereien, Schlägereien."

Anna Balmer:
„Dann findest du es also in Ordnung, einfach die Augen zu verschliessen oder wegzugucken unter dem Motto: Das geht mich nichts an?"

(Musik hört abrupt auf)

Ralf: *(schreit)*
„Nein, aber Sie wissen genauso gut wie ich, dass die beiden Verhafteten morgen vielleicht wieder frei herumlaufen."

Pause, das Licht bleibt auf den Beiden, die wie eingefroren stehen bleiben.

Sprecherin 6:
„Anna Balmer hat diese Aussage absichtlich so im Raum stehen lassen. In einem Kasten neben dem Interview hat sie einen kritischen Kommentar zum Jugendstrafrecht verfasst. Die verhafteten Jugendlichen haben im schlimmsten Fall tatsächlich höchstens mit einer vierjährigen Haftstrafe zu rechnen. Das ist viel zu wenig, findet sie.

Anna Balmer legt die Zeitung zufrieden auf den Tisch zurück. Der Fall Stadelhofen hat wenigstens ihr Glück gebracht."

Elton und Chris sitzen vornüber gebeugt auf einem Stuhl im Licht.

Sprecherin 5:
„Elton und Chris kommen bis zum Prozess nicht auf freien Fuss. Aufgrund von Zeugenaussagen werden beide schwer belastet. Die ausgesprochenen Gefängnisstrafen von je zweieinhalb Jahren werden zugunsten eines Aufenthalts in einem geschlossenen Heim mit entsprechenden Therapiemöglichkeiten auf Bewährung ausgesetzt."

Sprecherin 6:
„Horst Steiner trägt bleibende Schäden davon. Er leidet infolge einer Hirnblutung an starken Kopfschmerzen und hat Lähmungserscheinungen am linken Arm. Bis auf weiteres kann er nicht arbeiten. Chris hat sich bei ihm schriftlich entschuldigt und ihn um Verzeihung gebeten. Von Elton hat Horst Steiner nie etwas gehört."

Sprecherin 5:
„Samira und Lexi denken nur ungern an die Geschichte zurück. Sie haben beschlossen, nie mehr darüber zu reden. Aber irgendwie ist damit etwas zwischen ihnen zu Bruch gegangen. Sie haben sich voneinander entfernt."

Samira und Lexi gehen langsam auseinander und drehen sich den Rücken zu, als sie schliesslich stehen bleiben.

Sprecherin 6:
„Ralf hat sich fest vorgenommen, Samira eines Tages zu gestehen, wie die Sache wirklich abgelaufen ist. Aber bis jetzt hat er den Mut dazu nicht aufgebracht.

Denn wer die SMS geschrieben hat, interessiert aufgrund der Faktenlage eigentlich niemanden mehr. Ausser Elton natürlich. Der grübelt während zahlreichen schlaflosen Nächten verbittert darüber nach."

Während sie spricht, wird das Licht langsam ausgeblendet. Elton bleibt ein bisschen länger im Licht als die anderen Darsteller. Dann ist es dunkel.

Leinwand:
ENDE

Dunkel

**Roger Strub** wurde 1957 in Bern geboren. In jungen Jahren war er als Lehrer, Sänger, Songschreiber, Produzent und Veranstalter von Festivals, Tourneen und Events tätig. Danach arbeitete er als Texter und Creative Director in der Werbebranche. Später wurde er Drehbuchautor für Computer basierte Lernprogramme und Lernspiele. Mehrere dieser Projekte wurden mit Preisen ausgezeichnet. Auch in seiner Freizeit schrieb er Glossen sowie Gastro- und Musikkritiken.

In den vergangenen Jahren arbeitete er auch wieder als Lehrer und schrieb Jugendtheaterstücke sowie Online-Kommunikationstrainings.

2006 schuf er seine Kommissarin Lena Bellmann.

Roger Strub lebt heute mit seiner Familie in Utzenstorf, Bern / Schweiz.

www.ideenrausch.ch

Jugendtheaterstücke:
- **Meier-Müller oder ein ganz normaler Abend in der Rio-Bar**
- **Station Bellevue**

Kinder- und Jugendbücher in der Literaturwerkstatt

KOMMT EINER DES WEGES
Text: Anita Schorno
Illustration: Peter Pauwels-Stöckli

Einband gebunden
ISBN: 978-3-9523694-3-2

Eines Frühlingstages kommt einer des Weges und platzt in die Gemeinschaft der Waldtiere.
Alle sind sich einig: Wer so anders aussieht, Seltsames isst und gar für sich selbst ein Schlaflied summt, passt nicht zu ihnen!
Doch der Fremde bleibt. Alle sind garstig zu ihm.
Und bemerken beinahe zu spät, welch großes Herz er hat.

Eine Geschichte von Vorurteilen und der Angst vor Fremden, eine Geschichte aber auch von Toleranz und einer beinahe verpassten Freundschaft.

DIE SOS-BANDE / Der Hilferuf
Jugendkrimi
Patrick S. Nussbaumer

ISBN: 978-3-9523694-7-0
1. Auflage im November 2011